博瑞森图书
BRACE

企业阅读 本土实践

医药营销

诊所开发维护与动销

张江民◎著

中华工商联合出版社

图书在版编目（CIP）数据

医药营销：诊所开发、维护与动销/张江民著．—北京：中华工商联合出版社，2019.7

ISBN 978-7-5158-2379-9

Ⅰ.①医… Ⅱ.①张… Ⅲ.①药品－市场营销学 Ⅳ.①F724.73

中国版本图书馆 CIP 数据核字（2019）第 119446 号

医药营销：诊所开发、维护与动销

作　　者：张江民
责任编辑：于建廷　王　欢
责任审读：郭敬梅
封面设计：久品轩
责任印制：迈致红
出版发行：中华工商联合出版社有限责任公司
印　　刷：河北宝昌佳彩印刷有限公司
版　　次：2019 年 9 月第 1 版
印　　次：2019 年 9 月第 1 次印刷
开　　本：710mm×1000mm　1/16
字　　数：200 千字
印　　张：14.5
书　　号：ISBN 978-7-5158-2379-9
定　　价：125.00 元

服务热线：010－58301130
团购热线：010－58302813
地址邮编：北京市西城区西环广场 A 座
19－20 层，100044
http：//www.chgslcbs.cn
E-mail：cicap1202@sina.com（营销中心）
E-mail：gslzbs@sina.com（总编室）

基层诊所开发、维护和动销活动，被很多做基层诊所的企业关注，特别是近两年进军基层诊所市场的企业，没有可借鉴的成熟经验，都在摸着石头过河。大多数企业市场营销体系薄弱，严重缺乏技巧和方法，管理的终端团队像团伙，销售产品就像是卖“大白菜”，无法突破固有模式，导致市场萎靡不振，企业无法实现跨越式发展。

本书针对基层诊所市场营销所面临的问题，主要从六个方面系统阐述基层诊所市场营销攻略。

第一章为“诊所理念攻略”，做好基层诊所业务就要树立做药的理念，做药是一个系统工程，做好药就要树立良好的心态，专注基层诊所业务，做好市场和职业规划。

第二章为“诊所营销攻略”，做好基层诊所业务必须要讲究战略战术，掌握销售策略和谈单技巧，让终端业务员做业务有的放矢，以基层诊所项目为切入点，拓宽合作领域，实现产品快速上量。

第三章为“诊所开发攻略”，手把手教业务员如何高效开发基层诊所，通过有效手段培育客户，使其最终变成有效客户，增强业务员跟基层医生的黏连性和可信度，提高业务员的业务水平。

第四章为“诊所动销攻略”，挖掘基层诊所做动销活动的需求点，通过一系列动销活动实现产品快速上量。现已步入控销+动销的时代，只有把动销活动做好，才能展开深度合作，才能快速回款和获得基层医生的好感。动销活动是本书的核心部分，里面介绍了很多关于基层诊所动销的活动，每种动销活动都非常适合现在的基层诊所需求，尤其是基层诊所如何开好学术会，阐述得非常详细，开学术会也是针对基层诊所最有效的技战术和动销活动。

第五章为“诊所产品攻略”，每个企业的产品都各有特色，挖掘一个产品好的卖点可以事半功倍，也是产品开发中最核心的部分。以产品卖点为导向，在基层诊所通过相应手段操作产品，使之溢价，解决产品贵和难以销售的问题。当然，里面也系统地介绍了做产品课件的秘密，一个好的课件确实能辅助销售。

第六章为“诊所团队攻略”，基层诊所营销团队的高效打造，要做好招人和留人工作，通过团队协同作战，总能实现财富增值和个人价值。

笔者也是从第三终端诊所一线市场出来的，深知各位业务员的需求，实战是本书的主旨，只要用心去看，就能在基层诊所市场中运用，能够产生效益和价值。基层诊所的业务并不难做，只是缺乏一本能够指导自己做业务的书籍，此书重点推荐给一线做基层诊所市场的终端业务员，希望本书能够助力诊所业务起飞，在基层诊所业务中不再迷茫。加油吧！

导 读

第一章 诊所理念攻略

第二章 诊所营销攻略

第三章　诊所开发攻略

第四章　诊所动销攻略

第五章　诊所产品攻略

第六章　诊所团队攻略

第一章
诊所理念攻略

一、做药 VS 卖药

药品行业永远是个充满生机的行业，是大健康行业不可或缺的部分，尤其近几年在第三终端诊所市场上异军突起，涌现出很多做药大咖。就拿省总来说，一年下来少则百万，多则千万的人不在少数，至少近期来看药品行业欣欣向荣，很多手头有资金的人都加入药品行业，实现财富的增值。但并不是所有人都能做好药，意志不坚定或太浮躁的人不适合做药，他们经常抱怨医药行业水准太高，抱怨国家管控太严，抱怨领导和下属没能力，时刻抱着一颗怀疑的心做事，最后心态崩盘而放弃医药行业，转行从事其他工作。

很多人都是这山望着那山高，殊不知自己能力有限，总是用“卖小药”的思维做事，只停留在卖产品的阶段，没有走上药品营销的道路。其实真正在药品上赚到钱的人都有一颗做药的心，十年磨一剑，专注做药品营销。做药做的不仅是心态，更是一种情怀，对目标的坚定与执着，在医药行业书写着传奇。

做药与卖药哪个好？从事医药行业该如何去选择？每个人的想法不一样，选择也会不一样。在医药行业事业有成的人肯定会选择做药，刚进入医药行业的新人可能会选择卖药。每个人的选择不同，最后的结果也不同，在医药行业取得的成就也有差距。

做药侧重于“做”，怎么去做才是重点，做的过程中用的方法也很重要，相当于大海中的灯塔，能指引前进的方向。做药强调的是销售产品的方法，在市场中该用何种销售战术，达成何种销售任务，一个企业的销售战术对回款有重大影响，也对业务员的心态有很大影响。把做药当作一生的奋斗目标，制定长期经营的思想战略，这种人在医药营销过程中必定全力以赴，不达目的誓不罢休，必定在医药行业有所成就和作为。除了行动外，做药的人意志还很坚定，不会被外部因素干扰，每天充满了激情和斗志，不为失败找借口，只为成功找方法。做药人总是用正能量感染他人，团队稳定和谐，关键时刻还能解决问题，敢于市场投入，从不计较小利益。

做药人对市场了如指掌，如全年在市场上能够取得什么样的成绩，企业的产品能占据多少市场份额、有多少回款，都已提前规划好。因为他懂得做药是一个系统工程，不能一蹴而就，尤其是前期要经营好重点市场，投入企业资源把基础打牢，后期市场才能有产出。

要想把市场做起来靠一个人的力量是不可能实现的，必须要有资源和团队，有人和产品才能进行市场营销，才能实现财富共赢。做药人在市场中以卖品牌和经营思路为主，跟卖药人的思维观念完全不一样，做药人赚的是大钱，卖药人赚得是小钱。卖药人卖多少赚多少，只是小本经营，只能满足养家糊口的需求，无法实现财富自由。

卖药侧重点在于怎么去“卖”，很多人在卖药过程中显现了很强的职业性，拿多少工资做多少事，很多人都是做一天和尚撞一天钟，不能踏踏实实地做事。卖药人整天想着怎么把产品推销出去，从来不计较做事的后果，只要把产品推销出去就万事大吉了，跟客户也计较利润、爱算小账，所做的事情都是以利润为导向，实现利润的最大化，结果客户越来越少，跟客户的客情越来越差，甚至出现“孤家寡人”的现象，团队分崩离析。

现代社会，药品行业假如还在用卖药的心态做事，注定发展不起来，这种做法违背医药发展趋势，跟社会环境严重脱钩。不用说带团队和谋发展，个人的生活都成了问题。在资源共享型社会中，还在卖产品的人注定被淘汰，目前很多人就是在卖药，这类人在市场中占据 70%，剩下 30% 的人在卖品牌和用药方案。简单的买卖关系是不能满足现代医药行业的需求的，除了提供产品外还要增加增值服务，哪个企业的增值服务好，哪个企业就能在医药行业中占据主动权。

做药其实做的是资源整合，不会整合资源的人就是在卖药，总感觉很忙，但收获很少。卖药人总感觉所做的事都是为了企业，做多了也没好处，抱着打工的思想做事，格局狭小很难成大事。如果是给自己做事，做药人定会全力以赴把事情做好，为了以后发展壮大，会不断学习进步，让自己越来越优秀。

要想在医药行业有所成就，就要有做药的态度，坚决执行企业的营销战略，在市场中不断变强、变大和专业化，做药专业化是以后的发展趋势，也是每个做药人应该具备的素养，专业、专注做好药。

二、做好线路图和时间表

不管做哪个行业都需要线路图和时间表，提前规划好每年的发展方向，以及备好所需的资源，每个月的活动方案都要提前规划出来，不能临时抱佛脚，胡子眉毛一把抓。要想做好药必须得有一个营销大纲，能够指导终端营销团队做事，有了营销大纲才能按部就班地让目标落地。

做好药必须得有一个合理的线路图和时间表，来指导省公司、地级公司和终端业务员做事，以便更好地完成全年营销任务。做市场讲究的是时效，能否高效地完成工作，就要做好营销大纲，所有的工作都按营销大纲完成，打好每个季节的战役，高效完成全年的销售目标。

1. 企业全年的线路图和时间表

（1）全年贯彻执行的战术

企业制定好的战术要全面贯彻执行，每个人都要学会营销，运用企业的营销战术高效地开发市场，做好样板市场，给终端业务员提供可复制的模式，提高做事的效率，尽最大可能提高业务员的收入水平。现在做药最缺乏方法，一个企业该用什么样的方法开发客户和维护市场，事关企业全年的发展速度。能否给业务员相关的指导，就要看企业执行战术的决心，能否上下一条心做好一件事，让目标落地。

当然，市场中可落地的战术较多，选择的时候要谨慎，不能盲目追求快，要选择适合企业的战术。例如做基层诊所的企业选择学术会做市场营销，就非常适合企业的发展，学术营销是全年必须贯彻执行的战术，只要开好学术会，就能实现营销等既定目标。

（2）产品、招人、客户一手抓

这三项工作是做药的核心内容，企业的所有工作都围绕着这三项内容展开。企业有好的产品，还需要有一定数量的终端业务员，终端业务员再去开发客户就能完成营销任务。客户人群的选择也很关键，尽量选择优质客户，特别是第三终端基层诊所，客户的质量决定业务的好坏。

1）产品

企业产品要规划好培育品种、季节性品种和上量品种，针对不同的品种制定相应的战术，配备相应的礼品，做好营销服务工作。每个企业的产品线不同，所制定的营销大纲也各有特点，尽最大努力将每个品种导入市场，打好每场战役，营造全国热销氛围，让客户和业务员都有信心销售产品。

2）招人

招人工作要做到常态化，尽量消灭空白市场，重视招人的工作，按照一镇、一乡、一县、一区、一省来配备相应的工作人员，尤其是终端业务员的配备要达标，按照一拖五的模式组建团队，进行市场营销。

3）客户

客户的开发和维护也是一个常态工作，多培育有效客户，按照一个终端业务员配15～20家终端诊所来运作，准确统计每个地区的有效客户数量，便于企业做年度战略规划。

（3）每个月的“战役”

“打战役”对于做控销的企业来说并不陌生，打好“战役”品种可以造势，集中主要力量和优势资源“打战役”，可以让业务员快速上量赚钱，医生也能抓住机会多要一些政策。只要企业活动的力度够大，终端业务员和客户都会全力以赴卖好产品。

配合公司每月的战役品种，再结合提前制定的技战术，企业就能实现快速上量的目的。在公司的营销大纲中，每个月的“战役”品种尤为重要，每个月该打哪个产品的“战役”、该用何种方式去打，都要提前规划出来，方便各个层级及时传达“战役”内容，准备好“打战役”所需要的人力、物力和财力。

（4）市场投入的区域

针对全国市场而言，每个企业都有各自区域的薄弱环节，所以还需不断地培育市场。要想做好市场就要有投入，包括财力、物力和人力等方面，提前规划好投入的方式和方法，以及重点投入的区域。

有投入就会有产出，市场是培育出来的，不能一蹴而就，需要一定的时间和精力，尤其在竞争比较大的地方，企业起步可能举步维艰，一旦培育起来就能快速上量，可以为全国市场树立一个典型的样板。

目前，很多企业在西北、西南地区偏于弱势，这可能是以后的一个增长点。这些地区竞争压力相对其他区域较小，资源相对匮乏，企业需投入大量的资源，只要将这些地方培育起来，市场增值空间超乎想象，值得企业重点培育。

（5）回款

衡量一个销售达人，就要用业绩说话，就要看业务员月底的回款。回款是每个业务员的心结，尤其在夏季，回款只能用惨不忍睹来形容，尤其是大包制模式的企业，每个代理都要有一定的资金实力，才能按时给公司回款。回款要有侧重点，每个月尽量均衡，战役季节与非现役季节有所侧重，投入的方式也有所不同。春季、冬季重点在于回款，夏季、秋季重点在于培育市场，夏季、秋季是投入的季节，有投入才会有产出。

2. 个人全年的线路图和时间表

（1）市场分析

每个人负责的区域不同，面临的困境也不一样。有人遇到市场竞争问题，企业的竞品太多，产品在诊所不好销售；有人遇到开发客户的问题，特别是新市场基本没什么基础，一切都要从头开始。

分析市场要全面，做好市场调研工作，找到自己的优势点，同时也要看到自己的缺点，切记拿自己的缺点跟别人的优点去碰撞，充分发挥自己的主观能动性，利用省办、地办的优势资源为销售做服务。每个终端业务员必须在年初规划好市场，弄清楚自己的短板，找到自己的优势打好每场“战役”。

（2）战术落地

终端业务员是战术落地的执行人，一个战术能否成功落地，就要看制定的战术是否符合市场环境、客户能否接受。上级给的战术业务员要学会变通，结合自己的市场环境进行调整，争取高效落地执行。在基层诊所不管用哪种战术，只要能落地，能快速上量就是好战术。

每个企业的产品特性不同，制定的技战术也不同，不能照搬别人的战术，在学习借鉴的时候还要看适不适合企业模式，如果引进企业效果怎么样，用哪种方式导入效果更好，都要提前评估。有时候战术在执行的时候细节很重要，抓住细节才能抓住战术的精髓，切忌囫囵吞枣。

（3）任务和回款

每个业务员都有销售和回款任务，任务和回款是保证业务员赚钱的前提条件。根据市场大小，每个人的任务不一样，在回款的时候也有所差别。市场根本没有好坏之分，如果没有用心培育，再好的市场也没有产出。工作要实现数据化管理，每年规划好回款任务，可具体到每个月甚至是每天，只要每天能按时完成既定目标，就能实现年入百万的目标。基层诊所营销工作任重而道远，做好药是一个系统工程，必须得有线路图和时间表，指导企业和员工完成既定任务和目标。

三、先研究合作客户

现在很多业务员抱怨药不好做，能否赚钱先不说，总感觉自己活得好累，每天过得很迷茫，有想放弃的冲动，但现实生活告诉他们不能放弃做药，为了更好的生活还需走访市场拜访客户，每天重复做同样的事。在市场中跟业务员打交道最多的人就是诊所医生，现在的医生非常难攻克，业务员受了冷眼，也只能默默地独自承受。做医药销售最能锻炼一个人的意志力，只要守得住寂寞，才能春暖花开，阳光总在风雨后，做药也是同样的道理。

随着国家对开办私人诊所的逐步放开，以后会涌现出越来越多的私人诊所，做基层诊所的厂家也会随之增多，医药圈出现竞争白热化趋势。厂家增多导致竞争激烈，客户也要被业务员宠着，业务员一旦在某些方面做得不足，客户可能会把责任都推测业务员身上，心理不强大的人遇到这种情况会出现问题。首先是否定自己的辛苦付出，其次是抱怨产品或领导的不是，最后跟客户终止合作，导致有效客户流失。

客户出了问题要辩证对待，先从自身分析原因，看哪些方面做得不足，也可以让同事找一找原因，尽量把问题解决在萌芽状态。做基层诊所要跟紧时代的步伐，现在是一个飞速发展的时代，要用发展的眼光看问题，要对合作客户进行全面分析，俗话说“知己知彼，百战百胜”，提前做好应对方案，方便对症下药。

1. 诊所现状

现在基层诊所都面临着经营困境，最直接的表现是基层医生的收入问题。平时跟客户打交道的时候，仔细研究一下诊所的现状、诊所的主要收入来源，有助于业务员在拜访时更好地切入产品。

有些医生的收入主要是打针输液，但是随着医学知识在百姓间的普及，打针输液已经不再是病人的首选治疗方式。这对打针输液的诊所和医生来说，无疑是一个很致命的问题。

有些医生的收入来源是卖药，不可否认这类医生在推药方面确实有一套独到的方法，诊所收入来源就是卖药，尤其是卖保健品和高毛利的药品，能提高客单价，也能提高收入水平。一般这类客户的生意不会差，收入也有保障，诊所在当地有一定的影响力，来诊所看病的基本上是老顾客，医生深受老百姓的喜爱。这类医生多向利润方面引导，交流沟通时多推荐产品销售技巧。

有些医生诊所收入来源是技术，通过学习特色诊疗技术，改变诊所的经营困境，在当地确实有很大的影响力。一般来诊所看病的患者都是一些慢性病，或者疑难杂症，诊疗的难度系数比较大，这类医生靠口碑和技术吃饭，他们渴望走出去，让更多的人知道，期望通过与厂家合作来打造个人品牌，提高诊所的名气。

2. 客户的处方习惯及大小

基层医生的处方一般是 20 ~ 100 元，喜欢卖一些小基药和普药，很难接受大疗程。然而现在很多患者看病最迫切的需求是疗效，只要治病速度快，就能深得患者的心。例如慢性病和疑难杂症的患者，他们的需求是缓解症状，提高身体素质，只要对疾病有效果，他们就舍得花钱。在诊治这类患者的时候，医生的处方不能太小，如果按照以前的用药习惯好药肯定推荐不出去，给患者没用好药就没法保证疗效，俗话说“患者给医生疗程，医生给患者疗效”，大疗程是诊所提高名气和客单价的关键。

喜欢卖小药的客户就要以小药导入，与客户的客情关系到位后再导入重点品种，改变医生的处方习惯不是一件轻易达成的事，需要一定的时间来培育客户开发大疗程。

喜欢大处方和销售独家产品的客户是重点培育的对象，这类医生不管是卖药能力，还是诊所经营水平都非常高，要重点关注医生的动态。

3. 客户在当地的影响力

现在开诊所的人逐渐增多，竞争非常激烈，尤其是两个相隔不远的诊所。我们需要掌握这些医生在当地的影响力，老百姓是怎么评价他们的诊疗技术及口碑的。影响力大的客户是我们要借助的主要力量，可以辅助我们开学术会和介绍开发其他客户；影响力小的客户，我们就要不断给他们提供诊所经营和卖药技巧的思路，帮他们树立一个好的口碑，让周围的人群都认可。

4. 业务员在客户心里的地位

业务员在客户心里的地位最难猜测，业务员的功夫在平时，客户根据每个业务员提供的增值服务，将业务员分等级，平时打交道的时候区别对待。为什么客户对有的业务员很冷漠，对有的业务员很热情，愿意销售他们的产品。要弄明白这些问题就要平时跑业务时多观察和多思考，如客户的态度如何、客户的评价是否真实、在客户心中的地位如何。这些对做销售有很大的帮助。假如某个业务员的形象和口碑很差，客户不仅不愿意合作，还会把负面信息传递给同行，影响业务员的个人形象。业务员必须重视个人形象的打造，及时消除负面信息。

客户对业务员的印象和情感是客情的基石，也是展开服务的关键，要取得医生的认可很难，业务员必须时刻保持一颗谦卑的心，用积极的心态做业务，切记不要做伤害客户的事情。

5. 客户对产品的接受程度

很多终端业务员反馈客户认为产品价格贵，在诊所卖不动或不好卖，甚至有的客户拿了产品一整年都卖不出去。之所以出现这种情况，难道是产品有问题、客情有问题、医生有问题?

以上问题最根本的点在于客户对产品的接受程度，有些客户是碍于客情关系，随意进了一点产品，但是客户不放在心上、不主动销售产品，甚至拖到后面有退货的危险。要及时解决这个问题，以免影响客情关系，业务员要主动帮助客户销售产品，让客户觉得产品好卖，只是缺少方法而已，这也是消化库存最好的方法。

6. 同行对彼此的评价

一般同行对彼此的评价比较客观，有助于业务员分析客户的潜在需求。每个行业都有自己的规则，医生们也有相应的规则，最直接的表现就是“拉帮结派”。每个地区有不同的“帮派”，如在民间的医师协会就是一个由本地医生组成的帮派，从帮派里可以挖掘出很多有效的信息。业务员不仅要跟关系好的客户交流，还要跟关系不好的客户交流，这样才能全面了解客户的基本情况。

许多客户很在意自己的口碑，很在乎别人的评价，尤其是同行之间的评价。有时候虽然跟客户关系很熟，但是在特定的场合就要说特定的话，尽可能显示出对客户的尊重和理解，以方便开展业务。

7. 客户的性格习惯

想要做好业务就要研究客户的性格习惯和做事风格，有的客户比较低调，喜欢默默地赚钱，有的客户为人高调，做事比较张扬，喜欢被别人捧着。开发客户后就要整理分类，把性格类似的客户尽量放在一起。俗话说：“物以类聚，人以群分。”研究客户的性格习惯能促成销售。

8. 客户的潜在需求

客户的潜在需求最难把握，不是所有客户的需求都能被探测出来，在市场中要善于观察和总结，一般注重细节的业务员对客户的需求拿捏得最准确。

有时候客户会说出来的需求可能是毫无价值的，因为业务员没办法从内心深处感动客户，只是停留在做生意的表面，一切都是以利润为导向，客户从内心深处不接受、不认可业务员。

挖掘客户潜在需求是一个系统工程，有时候不一定在客户那里挖掘到，可以尝试从他身边的亲人、朋友和同行身上挖掘需求。不管是家庭上的需求，还是工作上的需求，尤其是客户比较紧急的事情，业务员一旦能够解决好，客户会对业务员刮目相看，与客户的客情会是一个质的飞跃。

所以，做药人在外面要多争取资源，说不定哪天能够用到，因为现在是一个资源共享型社会，自我封闭只能走向灭亡。

四、跟客户关系好就能卖货

跟客户关系好不一定进货或卖货，具体理由如下：

1. 怎么理解客情关系

怎么理解跟客户的客情关系？客情是吃喝玩乐？跟客户关系

好就能进货或卖货？现代社会中，业务员与医生的客情关系已经发生变化，不能用以前的思维来维护客情。现在的客情关系就是如何帮助客户实现互利共赢，管理、经营好诊所生意。

原因很简单，因为诊所医生也需要养家糊口，也需要扩大诊所规模，加之生活压力大，诊所收入和各项支出明显不均衡，导致很多基层医生无法从事医生职业。既然厂家跟医生合作，就要给客户带来一定的利益，不能靠客户一个人去销售产品，客户不缺产品，他们缺乏的是销售技巧。所谓的请客吃饭等只是在维持关系，客情关系真不是所谓的请客吃饭那么简单。请客吃饭也不一定能销售产品，即使客户进了产品，也不可能主动销售。因为跟医生的客情还不到位，医生也没有理由一定要销售某个厂家的产品。能否准确把握客情关系事关合作的深度，现实生活中很多人就是不能准确把握客情关系，业务很难做起来。

所以，跟客户关系好不一定卖药，业务员一定要建立实实在在的客情关系，即辅助客户做销售。

2. “亲兄弟明算账”

只要跟客户关系好就能销售产品，这可能是很多做药人的经验，刚入行的新人也比较听话，按照这个思路去执行，但总感觉效果不佳。甚至产品都推销出去了，但是客户就是销售不出去，最后麻烦还是业务员自己的。跟客户关系再好，如果不能给客户创造价值，医生就不接受产品。俗话说“亲兄弟明算账”，不要觉得关系好客户就愿意买单，毕竟现实很残酷，关系归关系，如果不能创造价值，所有的关系都是空话。

有一位基层医生，从武汉大学医学院毕业后自己开诊所，诊所的位置不算太偏，生意非常火爆，每天来诊所的客流量能够达到200人左右，诊所在职医生3人、护士2人。只要在本地做药，厂家业务员都想给这个医生导入产品。毫不夸张地说，一个区域只要搞定这个医生就行，其他的客户可以忽略不计。他侄子也是做药的，做品牌企业的产品，但是这个医生从来不销售他侄子的产品。为什么会出现这种情况呢？难道跟侄子的关系还不够亲？

之所以出现这种情况，只能怪他侄子做事太不厚道，从来不在乎这位医生的感受，只是一味地压货，后来由于回款的事导致这位医生跟侄子的关系非常紧张，久而久之就不再跟他侄子合作，不卖侄子代理的产品。

以上案例说明跟客户关系好，客户不一定会销售产品，唯一能长期合作的基点是不断满足客户的需求，帮助诊所改变经营困境，让诊所实现快速转型。而最好的方法就是多做动销活动。

3. 真正了解客户的需求

很显然，客户的需求是第一位的，不管厂家产品有多好，不满足客户的需求，客户不愿意销售，即使想办法导入产品也卖不好。客户卖不卖产品，关键要看能不能满足需求，不管是产品、技术、器械还是诊所医生的其他需求，只要有能力满足，就要尽快满足，机会稍纵即逝。

与客户关系的好坏，关键看业务员会不会迎合客户的需求，现在迎合别人的需求也是有技巧的，不是所有人都能做到。尽量满足医生的需求，尽量放开自己，不要保守做事，要舍得投入。

有时候客户的需求隐藏得很深，不容易被业务员发现，需要业务员花时间多渠道探究，一旦找到客户的需求，跟客户谈单就成功了一半。

4. 真正做到自己承诺给客户的事

有时候跟客户的关系很好，业务员会给客户承诺很多东西，无论能否做到，先答应客户再说。业务员说的时候可能无意，但客户听的时候很在意，业务员没能力做到承诺的事，会严重影响业务员的诚信度，破坏跟客户的客情关系。尤其是以前合作得很好的客户，突然销售产品不正常，要多找自身的原因，是否做到了当初承诺客户的事情。

满足客户需求是好事，但是超出自己能力的事情要谨慎承诺，不要为了导入产品而不择手段，这是愚蠢的行为，是伤害客户感情的行为，平时做业务要量力而行，有多大能力就赚多少钱，不要打肿脸充胖子。

第二章
诊所营销攻略

一、营销技战术之趋势篇

诊所营销的战术：

1. 企业精英战术

未来基层诊所的营销一定是朝着精英化的方向发展，做药的人越来越专业化、越来越年轻化，“90 后”“00 后”将会成为企业卖药的主力军。很多不思进取或不愿意学习的人会逐步被淘汰，尤其是仅靠多年做药经验做销售的人。业务员一定要跟上时代的步伐，抓住做基层诊所业务的主要矛盾，重点培育已经工作的“90 后”和“00 后”，他们是以后做药的主力军。然而这两个年龄段的人群有着鲜明的个性，受教育水平普遍高一些，所以现在当好年轻业务员的领导是一件很有挑战性的事。

企业的管理风格也需要不断地变化和更新。既然未来企业的基石是年轻人，就要重点研究年轻人做事的思维模式，有助于企业领导做好管理。未来基层诊所营销的主力人群以年轻人为主，年轻人的受教育水平普遍偏高，基层诊所营销会出现精英化趋势，有可能一个人能做很多事，做事效率又高，以前所谓的“人数就是钱数”的时代已过去。随着医药环境不断变化和改革的深入，做“控销”和“商业”模式的企业会陷入尴尬的境地，企业的弊端逐渐显现出来了，特别是企业人员的管理和战术执行力的问题，会出现失控的局面，如很多企业的终端人员会自营、兼职和窜货，这些行为严重地影响了市场的发展秩序。

为什么未来做基层诊所的业务员逐渐向精英化发展？原因很简单，企业合作的对象是基层诊所，未来基层诊所肯定是朝着专业化和特色专科发展，诊所的发展要求相关从业人员专业化，企业要实现业务员专业化，就需要有能力的人士去做市场，不能随便找一个不专业的人做基层诊所，避免跟不上基层诊所发展的需要，造成市场疲软没活力。甚至未做基层诊所的业务员就像现在做医院业务的医药代表，第一学历必须是专科医学毕业，要有医药行业准入的资格证书。

做基层诊所的业务员精英化有助于提升客情关系，更深得基层医生的欢心。例如现在大学本科毕业做药的终端业务员开始给基层医生的孩子或孙子辅导家庭作业，以此深化客情关系，能辅导家庭作业并不是所有的业务员都能做到的，只要是医生相信业务员能做好辅导工作，医生卖药绝对不成问题，客情也不是其他厂家业务员能比的。这样的业务员可以算是一个企业的精英，只要药企在招聘的时候多找这类人，培养起来做市场有很大的优势。

企业精英战术要求企业在招聘业务员时要有条件，招聘的人员既要有学历，还要有能力，两者相辅相成最好。因为未来基层诊所发展越来越专业化，业务员做业务也需要专业化和规范化，不能抱着侥幸的心理做市场，要有长期经营的思想，精细化操作市场。业务员的水平决定了企业发展的速度，也决定了员工的收入水平，企业利用好精英战术，才能做好基层诊所业务，这也是基层诊所发展的大势所趋。

2. 诊所医疗责任事故保险

目前基层医生的身份非常尴尬，在国家医疗保障体系中医疗风险也是最大的，诊所一旦发生医疗事故，基层医生及诊所有可能陷入绝境，同时对基层医生心理造成了很大的创伤。对于做药的厂家，有必要找一个医疗保险机构进行合作，找一个适当的医疗保险险种，帮助基层医生建立医疗风险保障体系，帮助基层医生合理避险，让基层医生大胆施展自己的诊疗技术，就是从而提高基层医生的诊疗水平。当然，市场上有很多保险机构可以跟药企合作，根据基层诊所涉及的险种不同，价格也不同，尤其是现在还在打针输液的医生，或者偏向于西医内科的医生就很有必要引进医疗责任事故保险。

医疗事故责任险是为了拓宽医疗纠纷的解决途径，是卫生部推动建立医疗纠纷第三方调解机制的一种处理医患纠纷的制度。在医患纠纷出现以后，患者并不直接和医疗机构或者医务人员接触，而是直接向保险公司申请赔付。截至 2014 年，中国医疗责任保险的覆盖面仍然比较低。据不完全统计，仅有 3 万余家医疗机构参加了医疗责任保险，覆盖率不足 10% 。医疗责任险在国际上很流行，能够保护患者和医疗机构双方的合法权益，相当于职业保险的一种，但在国内的销售并不很好。

虽然针对基层诊所医疗责任事故保险，目前国家还没有全面推行，但有些地方已经开始去做了。药企可以根据诊所医生的需要替基层医生量身定做适合的险种，只不过药企前期要去找这方面的资源，把具体险种植入产品营销，让基层医生来选择相应的险种，便于业务员开发客户，提高企业的市场占有率。其实推行这个技战术有两个目的：

（1）健全基层诊所保障体系。

现在基层诊所生意不好做，也缺乏相应的保障，为了让基层医生更安心地诊治患者，企业完全可以给基层诊所提供一份医疗事故风险保障，这是目前基层医疗保险方面的短板，企业可以抓住基层医生的这种需求进行合作。客户在投保之后，诊所所有的医疗纠纷责任都交由保险公司处理，基层医生可以直接避免与患者或患者家属的冲突。在 100 起医疗纠纷中，保险公司可以调解成功 90 起医疗纠纷。

医生投保了医疗纠纷责任保险后，将由保险公司根据实际情况对医疗纠纷进行判断，依法对患者进行相关的赔偿。医生免去了面对医疗纠纷的压力，可以专注于医疗，也有了更大的可能多点执业。患者也不必与医生就医疗问题发生争执，保险公司会拿出相应的补偿方案。

（2）药企进军第三终端诊所的好项目。

现在很多业务员都在抱怨诊所的业务不好开展，尤其是刚步入第三终端诊所的药企，可能还处于迷茫的阶段，不知企业引进的项目是否符合基层诊所的需求，不知在基层诊所如何开展业务，这种类型的企业完全可以找保险机构合作，为开展基层诊所业务保驾护航。只要企业引进医疗保险，企业的业务代表去诊所不仅谈产品，更重要的是带着项目去谈，深得基层医生的喜爱。

诊所医疗事故保险在基层的大力推行势必会得到政府机构的支持，基层诊所医生开展诊疗也有了保障，甚至还可以扩大诊疗范围，针对特别病种配备相应的保险。做药的企业只需要结合产品特性，给重点品种上医疗保险，让基层医生用得更安心。但是配备了医疗保险的品种在基层诊所少之又少，事实上，只要险种设计得合理，险种的金额不太大，一般基层医生都能够接受。

除了给基层医生推荐医疗责任事故保险外，企业还可以给基层诊所的医生购买医保。因为很多基层医生没有医保，业务员会通过向医生卖医保来增进客情关系，进而导入企业产品。特别是做村卫生的业务代表，最好给客户购买医保，每月完成任务非常轻松。然而现在很多业务员眼里只有产品，没有给客户带来其他的增值服务，所以基层医生非常反感只推产品的业务员，不愿意跟只卖产品的厂家合作，就是合作了也会压款，不愿意主动销售压货进来的产品。

企业推广产品的时候，不要目光短浅，尽可能多地给客户提供增值服务，加深跟客户的客情关系，再加上平时细心研究客户，会挖掘出更深层次的需求，企业在众多厂家竞争中会脱颖而出，诊所业务越做越大，企业品牌越来越响亮。

3. 帮助基层医生拿到医师资格证

与想拿证的基层医生签约，通过培训机构学习，让他轻松拿到执业证书。随着国家对医疗行业的逐步规范，假如一个基层医生连从业证书都没有，那他开的诊所又怎能正规？

目前国家也在大力支持兴办中医诊所，重点推广传统医学师承和确有专长人员职业资格准入制度，让拥有一技之长的人也能开办中医诊所。这类人很需要这个证书，对于广大基层医生而言，由于受到各种限制，很难拿到医师资格证书，开办诊所根本就是天方夜谭。做基层诊所的企业就有必要找一个合适的培训机构帮助医生拿到证书，医生会非常感激业务员，上量自然不成问题。

二、营销技战术之线上＋线下篇

1. 互联网思维

互联网思维是近现代才被提出的，应用于各个行业和领域，目前医药行业发展最迅速的是网上药店，移动线上支付彻底改变了人们的生活方式。甚至有些诊所或药店推出“送药上门”等一系列服务，这些都在悄悄地改变医药环境。这些服务项目的兴起有一定缘由，它紧跟着人们的消费趋势，利用互联网实现产品营销。在现实生活中，有的公司可能没有几个员工，但是营业额非常可观，主要原因是利用了互联网思维进行企业产品营销。

对于第三终端诊所如何利用互联网推广，值得每个做市场的人去探索。未来全新的互联网思维以用户（患者）为中心，进行资源整合实现产品营销，既然未来以患者为中心，一定是解决患者疾病的某一品种或品类，基层诊所不仅仅销售药品，更多的是跨界整合药品、诊断、器械和“互联网＋”。随着社会化媒体的快速崛起，未来营销一定是基于传播媒体为主导的互联网运营体系和传播方式，例如积赞、投票、过期药品的回收、3D 抽奖、专家远程坐诊、公益捐赠活动等。典型案例如各大厂家赞助高铁，以某企业的名字命名为××号动车组列车，传播影响力非常大。微信推广和线上秒杀环节，深受基层医生的喜爱，新颖、有创意又符合现代人消费的心理特征。

基层诊所互联网思维应用总结如下：

（1）给诊所医生积赞、投票。

举办这样的活动的目的是增强跟医生之间的黏连性，让合作的医生关注企业的营销思路，利用积赞和网络投票可以增强业务员与医生、医生与患者之间的互动性。例如积赞赢取某项礼品或荣誉，只要积赞 88 个或 188 个，就可以给予相应的礼品，来扩大企业的影响力，提高产品的知晓率。

利用互联网做链接进行投票，如选择当地最受欢迎的名医、选择最像亲子照片，或举办全国百强诊所等一系列活动，发动医生投票，增强医生及朋友圈人群的关注度。这样做的好处有很多，因为医生朋友圈基本上由同行、患者及各个厂家的业务员组成，利用互联网投票可以增强产品影响力，促进客情关系良性发展。

（2）过期药品的回收。

说起过期药品的回收，可能大部分人首先会想到回收自己企业的产品，如回收过期或近效期药品，甚至调换产品。诊所过期药品回收是指回收诊所里面所有厂家的过期药品，以自己厂家零售价的产品回收供货价的过期药品，产品的零售价和供货价之间有价格差距，一般是供货价的两倍才能回收过期产品，不然会出现亏损的状况。

当然，企业不仅回收诊所过期药品，还可以回收患者手里的过期药品，现在很多厂家在网上建立了专门的平台或机构进行过期药品回收，既让每个家庭实现用药安全的愿景，又能提高诊所和企业的惠民力度，做好公益宣传工作，实现品牌和价值营销。

（3）3D 抽奖。

近几年很多做基层诊所的厂家都在压货，造成很多基层医生不敢跟厂家合作，一旦给诊所大批压货势必会影响客情关系，企业本来想着要培育产品，殊不知在压货期间产品非但没上量，还让很多客户产生不想销售的心理。只要货没有销售出去，客户心里的石头终究不能落地，再加上企业动销活动跟不上，客户由于压货经营困难。

要改变压货的状况，就要改变企业的营销思路，给基层医生压货要讲究战略战术，让基层医生心甘情愿地接受产品，这是企业亟须解决的问题。总之，客户对什么感兴趣，企业就提供什么服务。有的客户喜欢抽奖，就搞大型抽奖活动；有的客户喜欢旅游，就搞学术旅游活动；在众多活动中，3D 抽奖特别适合开发基层诊所，也符合基层诊所业务发展需要。3D 抽奖灵活性高、费用低，是很多做基层诊所厂家常用的战术，也深受基层医生的喜欢。具体如下：

1）规则：

3D 投注区分为百位、十位和个位，每个位数的号码范围为 0 ~ 9。每期从每位数上开出 1 个号码作为中奖号码，即开奖号码为 3 位数。3D 玩法即是竞猜 3 位开奖号码。如表 2 - 1 所示。

表 2 - 1　3D 玩法

位数	百位	十位	个位
号码	0 ~ 9	0 ~ 9	0 ~ 9
选数	1	7	2
开奖号码	172		

所有位数的组合则是 000 ~ 999，共计 1000 个数，每天 20：30 开一期奖，可通过观看电视、各大报纸、网络查询开奖号。如表 2 - 2 所示。

2）分类：

3D 分直选、组选（组选三和组选六），玩法如下：

注：

1 直选：将投注号码以唯一的排列方式进行投注。例如投注 123，那么个位、十位、百位都中，位置不能颠倒，则中直选奖金，单注奖金 1040 元。

2 组选：将投注号码的所有排列方式作为一注投注号码进行投注。例如 123，排列方式有 123、132、213、231、312、321，共计 6 种。

3）奖项设置（参考）：

特等奖 1 名：奖品汽车比亚迪一辆。

表 2－2　所有位数的组合

000	001	002	003	004	005	006	007	008	009	010	011	012	013	014	015	016	017	018	019	020	021	022	023	024
030	031	032	033	034	035	036	037	038	039	040	041	042	043	044	045	046	047	048	049	050	051	052	053	054
060	061	062	063	064	065	066	067	068	069	070	071	072	073	074	075	076	077	078	079	080	081	082	083	084
090	091	092	093	094	095	096	097	098	099	100	101	102	103	104	105	106	107	108	109	110	111	112	113	114
120	121	122	123	124	125	126	127	128	129	130	131	132	133	134	135	136	137	138	139	140	141	142	143	144
150	151	152	153	154	155	156	157	158	159	160	161	161	162	164	165	166	167	168	169	170	171	172	173	174
180	181	182	183	184	185	186	187	188	189	190	191	192	193	194	195	196	197	198	199	200	201	202	203	204
210	211	212	213	214	215	216	217	218	219	220	221	222	223	224	225	226	227	228	229	230	231	232	233	234
240	241	242	243	244	245	246	247	248	249	250	251	252	253	254	255	256	257	258	259	260	261	262	263	264
270	271	272	273	274	275	276	277	278	279	280	281	282	283	284	285	286	287	288	289	290	291	292	293	294
300	301	302	303	304	305	306	307	308	309	310	311	312	313	314	315	316	317	318	319	320	321	322	323	324
330	331	332	333	334	335	336	337	338	339	340	341	342	343	344	345	346	347	348	349	350	351	352	353	354
360	361	362	363	364	365	366	367	368	369	370	371	372	373	374	375	376	377	378	379	380	381	382	383	384
390	391	392	393	394	395	396	397	398	399	400	401	402	403	404	405	406	407	408	409	410	411	412	413	414
420	421	422	423	424	425	426	427	428	429	430	431	432	433	434	435	436	437	438	439	440	441	442	443	444
450	451	452	453	454	455	456	457	458	459	460	461	462	463	464	465	466	467	468	469	470	471	472	473	474
480	481	482	483	484	485	486	487	488	489	490	491	492	493	494	495	496	497	498	499	500	501	502	503	504

续表

510	511	512	513	514	515	516	517	518	519	520	521	522	523	524	525	526	527	528	529	530	531	532	533	534
540	541	542	543	544	545	546	547	548	549	550	551	552	553	554	555	556	557	558	559	560	561	562	563	564
570	571	572	573	574	575	576	577	578	579	580	581	582	583	584	585	586	587	588	589	590	591	592	593	594
600	601	602	603	604	605	606	607	608	609	610	611	612	613	614	615	616	617	618	619	620	621	622	623	624
630	631	632	633	634	635	636	637	638	639	640	641	642	643	644	645	646	647	648	649	650	651	652	653	654
660	661	662	663	664	665	666	667	668	669	670	671	672	673	674	675	676	677	678	679	680	681	682	683	684
690	691	692	693	694	695	696	697	698	699	700	701	702	703	704	705	706	707	708	709	710	711	712	713	714
720	721	722	723	724	725	726	727	728	729	730	731	732	733	734	735	736	737	738	739	740	741	742	743	744
750	751	752	753	754	755	756	757	758	759	760	761	762	763	764	765	766	767	768	769	770	771	772	773	774
780	781	782	783	784	785	786	787	788	789	790	791	792	793	794	795	796	797	798	799	800	801	802	803	804
810	811	812	813	814	815	816	817	818	819	820	821	822	823	824	825	826	827	828	829	830	831	832	833	834
840	841	842	843	844	845	846	847	848	849	850	851	852	853	854	855	856	857	858	859	860	861	862	863	864
870	871	872	873	874	875	876	877	878	879	880	881	882	883	884	885	886	887	888	889	890	891	892	893	894
900	901	902	903	904	905	906	907	908	909	910	911	912	913	914	915	916	917	918	919	920	921	922	923	924
930	931	932	933	934	935	936	937	938	939	940	941	942	943	944	945	946	947	948	949	950	951	952	953	954
960	961	962	963	964	965	966	967	968	969	970	971	972	973	974	975	976	977	978	979	980	981	982	983	984
990	991	992	993	994	995	996	997	998	999															

一等奖 2 名：奖品双开门冰箱一台。

二等奖 5 名：奖品樱花牌 7.5 公斤变频滚筒洗衣机一台。

三等奖 10 名：奖品格兰仕电脑版智能微波炉一台。

参与奖 982 名：奖品为高级护颈枕头一个（未中奖者）。

4）活动规则：

①本次活动只选用福彩 3D 的直选玩法，即开奖当天开出什么号就是中奖号，位置不能颠倒。

②1000 个号选完后，公司负责人会以电话、短信、微信的形式通知每个客户，三天后即为开奖日，一天开一个奖项，依次开三等奖、二等奖、一等奖、特等奖。有多名中奖者的，以当天开奖号为起点延续的号码都为中奖号码，有几位中奖者就延续几位。例如开二等奖为 188，二等奖有 5 名，则中奖号为 188、189、190、191、192。

③一个号只能选一次，别人选了就不能再选。在选号时需要业务员到公司查询是否被选。

④同一个号可以参与特等奖、一等奖、二等奖、三等奖的抽奖，获得了其中一个奖项就不能再有参与奖的奖品，没有开特等奖前都有希望中大奖。

5）参与选号条件：

客户以正常供货价进货任意产品 1500 元即可选一个号，3000 元选两个号，以此类推，不支持加倍。此活动需要现款现货，选号后以结款完为准。选号后三天内未结款该号作废。

奖品兑换：

特等奖：省公司领导亲自登门，送喜报，放鞭炮祝贺中奖者，并接中奖客户到当地 4S 店选车。

一等奖：地办领导亲自登门，送喜报，放鞭炮祝贺中奖者，奖品由专业工作人员配送到家。

二等奖：地办领导亲自登门，送喜报，放鞭炮祝贺中奖者，奖品由专业工作人员配送到家。

三等奖：业务员亲自登门，送喜报，放鞭炮祝贺中奖者，奖品由专业工作人员配送到家。

参与奖：业务员亲自送货上门。

6）活动费用：

每个号省公司收取 220 元的经费，层级承担。县总终端承担 200 元，地总承担 20 元。礼品费用超出预计经费的由省公司承担。

注意事项：

a）一个客户可以多下单，多选号，提高中奖概率，客户拿 5 个号的再定政策给客户，适当地送一些药品。

b）客户在选号时一定要电话告知市场部，以免重复选号。市场部建立表格，录入详细信息。市场部每确认一个号，都会在全员群里公示。

c）为确保奖品能顺利送到位，客户一定要写清楚奖券单上的信息，业务员将副券延虚线剪裁下来给客户，并要求客户保留好副券。

d）裁剪下来的主券，业务员整理好上交给地办。如图 2－1 所示。

（4）专家远程坐诊。

要想操作好专家远程坐诊活动，企业必须有丰富的专家库资源，最好选择本地医院的专家库资源，远程坐诊时医生和患者都

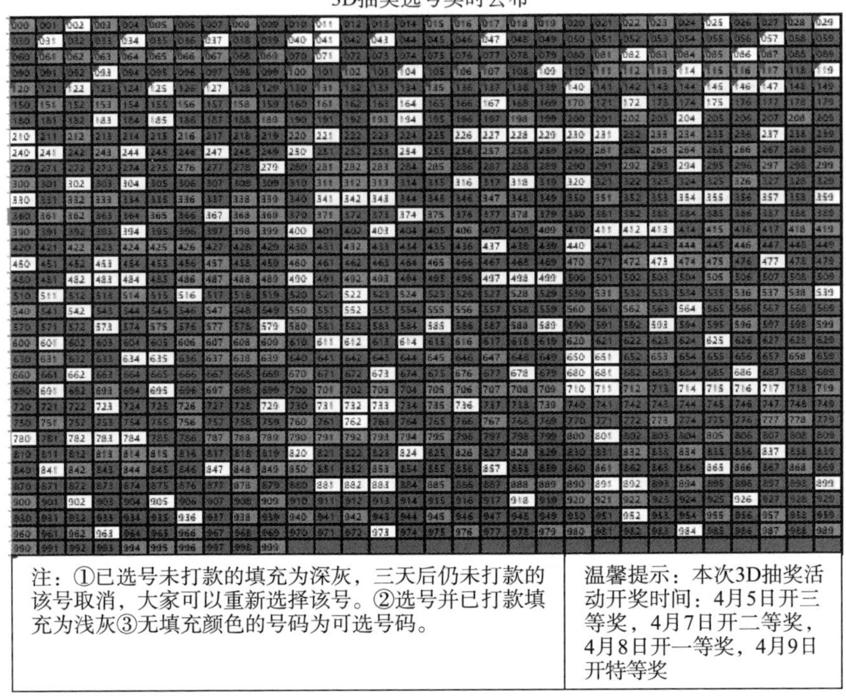
3D抽奖选号实时公布

000	001	002	003	004	005	006	007	008	009	010	011	012	013	014	015	016	017	018	019	020	021	022	023	024	025	026	027	028	029
030	031	032	033	034	035	036	037	038	039	040	041	042	043	044	045	046	047	048	049	050	051	052	053	054	055	056	057	058	059
060	061	062	063	064	065	066	067	068	069	070	071	072	073	074	075	076	077	078	079	080	081	082	083	084	085	086	087	088	089
090	091	092	093	094	095	096	097	098	099	100	101	102	103	104	105	106	107	108	109	110	111	112	113	114	115	116	117	118	119
120	121	122	123	124	125	126	127	128	129	130	131	132	133	134	135	136	137	138	139	140	141	142	143	144	145	146	147	148	149
150	151	152	153	154	155	156	157	158	159	160	161	162	163	164	165	166	167	168	169	170	171	172	173	174	175	176	177	178	179
180	181	182	183	184	185	186	187	188	189	190	191	192	193	194	195	196	197	198	199	200	201	202	203	204	205	206	207	208	209
210	211	212	213	214	215	216	217	218	219	220	221	222	223	224	225	226	227	228	229	230	231	232	233	234	235	236	237	238	239
240	241	242	243	244	245	246	247	248	249	250	251	252	253	254	255	256	257	258	259	260	261	262	263	264	265	266	267	268	269
270	271	272	273	274	275	276	277	278	279	280	281	282	283	284	285	286	287	288	289	290	291	292	293	294	295	296	297	298	299
300	301	302	303	304	305	306	307	308	309	310	311	312	313	314	315	316	317	318	319	320	321	322	323	324	325	326	327	328	329
330	331	332	333	334	335	336	337	338	339	340	341	342	343	344	345	346	347	348	349	350	351	352	353	354	355	356	357	358	359
360	361	362	363	364	365	366	367	368	369	370	371	372	373	374	375	376	377	378	379	380	381	382	383	384	385	386	387	388	389
390	391	392	393	394	395	396	397	398	399	400	401	402	403	404	405	406	407	408	409	410	411	412	413	414	415	416	417	418	419
420	421	422	423	424	425	426	427	428	429	430	431	432	433	434	435	436	437	438	439	440	441	442	443	444	445	446	447	448	449
450	451	452	453	454	455	456	457	458	459	460	461	462	463	464	465	466	467	468	469	470	471	472	473	474	475	476	477	478	479
480	481	482	483	484	485	486	487	488	489	490	491	492	493	494	495	496	497	498	499	500	501	502	503	504	505	506	507	508	509
510	511	512	513	514	515	516	517	518	519	520	521	522	523	524	525	526	527	528	529	530	531	532	533	534	535	536	537	538	539
540	541	542	543	544	545	546	547	548	549	550	551	552	553	554	555	556	557	558	559	560	561	562	563	564	565	566	567	568	569
570	571	572	573	574	575	576	577	578	579	580	581	582	583	584	585	586	587	588	589	590	591	592	593	594	595	596	597	598	599
600	601	602	603	604	605	606	607	608	609	610	611	612	613	614	615	616	617	618	619	620	621	622	623	624	625	626	627	628	629
630	631	632	633	634	635	636	637	638	639	640	641	642	643	644	645	646	647	648	649	650	651	652	653	654	655	656	657	658	659
660	661	662	663	664	665	666	667	668	669	670	671	672	673	674	675	676	677	678	679	680	681	682	683	684	685	686	687	688	689
690	691	692	693	694	695	696	697	698	699	700	701	702	703	704	705	706	707	708	709	710	711	712	713	714	715	716	717	718	719
720	721	722	723	724	725	726	727	728	729	730	731	732	733	734	735	736	737	738	739	740	741	742	743	744	745	746	747	748	749
750	751	752	753	754	755	756	757	758	759	760	761	762	763	764	765	766	767	768	769	770	771	772	773	774	775	776	777	778	779
780	781	782	783	784	785	786	787	788	789	790	791	792	793	794	795	796	797	798	799	800	801	802	803	804	805	806	807	808	809
810	811	812	813	814	815	816	817	818	819	820	821	822	823	824	825	826	827	828	829	830	831	832	833	834	835	836	837	838	839
840	841	842	843	844	845	846	847	848	849	850	851	852	853	854	855	856	857	858	859	860	861	862	863	864	865	866	867	868	869
870	871	872	873	874	875	876	877	878	879	880	881	882	883	884	885	886	887	888	889	890	891	892	893	894	895	896	897	898	899
900	901	902	903	904	905	906	907	908	909	910	911	912	913	914	915	916	917	918	919	920	921	922	923	924	925	926	927	928	929
930	931	932	933	934	935	936	937	938	939	940	941	942	943	944	945	946	947	948	949	950	951	952	953	954	955	956	957	958	959
960	961	962	963	964	965	966	967	968	969	970	971	972	973	974	975	976	977	978	979	980	981	982	983	984	985	986	987	988	989
990	991	992	993	994	995	996	997	998	999																				

注：①已选号未打款的填充为深灰，三天后仍未打款的该号取消，大家可以重新选择该号。②选号并已打款填充为浅灰③无填充颜色的号码为可选号码。

温馨提示：本次3D抽奖活动开奖时间：4月5日开三等奖，4月7日开二等奖，4月8日开一等奖，4月9日开特等奖

图 2－1　公布 3D 选号

有信服力。基层诊所利用互联网优势，选择就近专家可实现远程坐诊，患者就没必要跑到大医院排队看病，同时基层医生也能减轻就诊压力，一旦遇到不擅长的疾病，完全可以通过专家远程坐诊实现诊疗服务。

（5）公益捐赠活动。

公益捐赠活动就是企业在做慈善事业，是企业回馈社会的具体表现，企业举办的公益活动形式可以多种多样，只要是替社会做好事，都很受人民群众的喜爱，参与热情也高。例如公益广场舞大赛，以企业和基层诊所的名义赞助，目的在于提高广大人民群众的身体素质，丰富人民群众的娱乐生活，进而提高基层诊所

在当地的影响力。公益广场舞就是在宣传企业文化品牌，通过各小区广场舞争霸赛帮助基层诊所走出去，用实际行动辐射本地区域，做好服务工作。为了提高人民群众的积极性，可设置一等奖、二等奖、三等奖，奖金数额根据参赛人数制定。在做好公益广场舞活动的同时，大力宣传企业品牌，帮助基层诊所做好健康知识讲座，提高活动价值。

公益捐赠活动还可以通过网络平台实施，可寻找特殊疾病的人群免费赠药，为了增强活动的影响力可以在全国展开宣传。例如在全国寻找“老胃病”患者，只要满足企业赠药的条件，就可以在网上登记，企业审核通过就可以免费领取治疗老胃病的药品。在做公益捐赠活动时，必须写好微信推广软文，然后全员转发寻找赠药的人群，找到人群后切记在网上直接邮寄，必须通过医生的名义赠药，增强基层诊所的公益性，提高诊所医生的亲和力，树立良好的口碑，不断扩大诊所影响力，凸显基层医生的价值。

（6）线上秒杀。

线上秒杀活动仅限于特殊的日子，例如妇女节、母亲节、父亲节、爱眼日、端午节、中秋节、国庆节等，都可以进行线上秒杀。线上秒杀的品种一定是企业重点培育的产品，为了占有市场，感恩回馈新老客户才能进行线上秒杀，否则会失去秒杀的意义。针对基层诊所线上秒杀活动，直接通过微信群宣传就可以实现，确定好时间点抢特价产品。妇女节，企业可以选择一款妇科用药，价格定为 3.8 元/盒，22：00 在医生微信群限时秒杀，业务员只需要提前把有意向的客户拉到全国或全省微信秒杀群，一到规定时间点就开始秒杀，秒杀时间大概持续 1 个小时，企业马上宣布活动结束，产品恢复原来的价格。

线上秒杀活动确实能够拉动销售，前提是损失一定的利润来支撑活动，而且不能经常搞产品特价秒杀活动，仅限于某些特殊节日，秒杀活动只是为了营造产品热销氛围，不是做降价促销活动。所以，每个层级都需要有投入，终端业务员必须舍得投入，不能只看眼前的利润得失，要向明天要收益。只要客户手里有货，业务员才有机会深入合作，才有资格跟医生谈动销活动。

互联网思维在做药工作中应用得比较广泛，企业只需要选择基层医生感兴趣的活动，利用互联网可以做很多的营销活动，提高企业在第三终端诊所的市场份额占比，让业务员做业务更轻松一些。

2. 采用签约治疗

签约治疗就是跟医生、患者签订治好某种疾病的协议，承诺在一定时间，通过服用一定疗程的药品，解决患者的病症，假如没有效果或效果没有达到预期目的，可以给患者直接退款，或采用其他补偿手段。假如签约治疗失败，对医生也要补偿，最好用药品补偿医生的损失，以产品供货价或零售价的形式进行补偿，只要跟基层医生的客情到位，一般客户都能接受签约治疗的方案。

要进行签约治疗，就要选择配合的医生来合作，必须让医生认同签约治疗的方案，避免在执行的过程中打折扣。只要客户认可签约治疗方案，接下来就要帮助客户找患者签约，找到签约的患者后就要嘱咐好用药方案及服用方法，只要患者听话配合治疗，签约治疗的成功率很高。厂家之所以敢推广签约治疗方案，表明签约治疗的方案已很成熟，风险几乎为零，业务员只需要找合作的医生推广方案即可，没必要顾虑很多杂事。当然不是所有的产品都适合签约治疗，采用签约治疗的产品疗效必须明确，必须有大量的成熟案例做支撑，否则采用签约治疗就是自寻死路，最后产品臭名昭著，客户也得罪了，得不偿失，所以企业选择产品时要慎之又慎。

签约的疾病必须是疑难杂症，或者是慢性病，诊所医生尽量推荐治疗方案，不要说某种药品能够治好疾病，以免造成患者的不信任和反感。给患者推荐治疗方案，能提高成交率，也能提高基层医生的客单价，还能保证签约治疗的效果，增强基层医生看病的自信心。

三、营销技战术之产品篇

1. 做好品种分类

控销企业的产品品类都有显著特点，根据产品品类的特性会划分为不同的事业部进行市场营销，做基层诊所的企业也要选择合适的品种，才能打开基层诊所的大门，也就是所谓的诊所导入品种。诊所导入品种应该具备诊所所用产品的特性，如产品的适用人群广泛、安全、疗效突出、毛利润高等特点。一个基层医生会卖的产品，数量并不多，他们喜欢销售畅销的广告产品，假如企业导入诊所的产品正是广告品种的竞品，一旦导入诊所就有很大的优势，基层医生也愿意卖导入的产品。一方面导入品种的毛利高于广告品种；另一方面适用人群广泛，基层医生知道如何去销售，产品在诊所不怕销售不出去，所以要选好企业的导入品种，对打开基层诊所市场尤为关键。

企业导入品种只是打开诊所大门的第一步，如果不导入其他品种很快就会被其他厂家的产品替代。导入产品后还需要重点培育上量品种和黄金爆品（独家产品），培育这两个品类前期必须加大投入力度，哪怕前期免费送给客户销售也行。如果不培育市场，产品永远不可能卖起来，更不用谈产品的市场占有率，这点作为控销企业的员工应该心知肚明。企业重点培育品种，操作起来肯定有难度，尤其在终端销售方面，很多终端业务员和基层医生不懂产品销售技巧，需要企业不断培训，把产品营销理念植入人心，教会他们销售产品的技巧，通过培育品种实现财富自由。

对于一个企业来说，先导入什么品种，后培育什么品种，需要提前规划出来，以单品突破基层诊所市场瓶颈期，提高培育品种市场占有率。企业千万不要企图全品突破，没有哪个企业能做到全品突破，单品突破才是企业发展的关键，也是基层诊所转型的关键品种。做基层诊所市场时，所有政策都要向培育的品种倾斜，这样才能做出黄金爆品，企业和诊所才能受益。

2. 做产品政策时，切忌送本品

业务员在给医生做产品政策时，可能会出现本品 × 送 ×（10 送 1、8 送 2、5 送 1）的情况，本品送本品相当于变相给客户降价。做控销的企业，产品价格就是生命线，一旦在终端市场出现本品送本品，客户就很容易算出底价，以后在做产品政策时就很被动，客户会不断要求业务员加大本品送本品的力度，造成终端业务员的利润越来越小。

本品送本品是愚蠢的做法，宁愿贴钱送其他配品也不能送本品，守住控销产品的价格底线，是做基层诊所的前提条件。

3. 免费试用战术

免费试用，顾名思义，是指商家为了打消客户的某些顾虑，为其用户提供的无需支付任何费用就可以使用商品的一种活动。但有时候也不是全部免费的，有的产品可能需要用户支付一定的快递费用。早期的免费试用，主要是一些卖不动的、库存积压比较严重，并且相对实用的货物。发展到现今阶段，免费试用是各行各业都比较流行的一种营销活动。

医药行业也能用到免费试用战术，企业有时候在做新品推广时，假如一个市场很难打开，可以采用免费试用战术，将产品导入诊所销售。业务员去基层诊所做推广产品时，很多基层医生会不信任，不愿意跟厂家合作，这时可以采取免费试用的方法。例如在规定的时间内让医生销售出去，诊所试用的产品可以免费给医生体验，前提是让医生按照厂家的建议试用，找特殊的患者试用，按照企业的要求让患者服用（时间、疗程），同时配合医生做好用药回访工作。这样做的目的是通过典型的病例消除医生的疑惑，建立用药信心，一旦产品毛利点达到预期，基层医生都愿意销售产品。

以上方法大部分基层医生都可以接受，但是做市场总会遇到几个比较难缠的医生，他们就是不愿意销售产品，这样的客户就是“麻烦客户”或“钉子客户”。遇到这种类型的客户完全可以采用免费试用战术，但是试用的方法不一样，业务员可以事先送一两个疗程的产品给客户，然后帮助基层医生销售出去，再去跟客户谈合作事宜，慢慢引导客户，用卖免费试用产品的钱再进产品，以供货价给客户供货。这个战术给客户的直观感觉就是免费送钱，通过这种方法可以逐步扩大医生的进货量，以后去诊所跟单都是按照这个思路，以销售出去产品的零售价来购买企业产品，会越做越大。

很多业务员看到这个方法后感觉做了亏本生意，其实不然，用这个方法只是引导客户建立合作关系。如果有这种想法的人，需要好好反思一下，是否平时爱算小账。业务员可以算一算自己产品的毛利空间，手里面握着将近50%的毛利，完全可以免费试用，但是很多人不愿意投入，喜欢算小账，只看眼前利益。

不是所有的产品都适合免费试用，有的产品不适合，例如见效比较慢的中成药、疗效不确切的产品、低毛利的产品或竞品太多的产品就不适合用免费使用的战术。疗效确切、有大量的治愈案例、毛利空间足够、竞品较少的产品及企业重点培育的品种，可以考虑采用免费试用的方法。

4. 市场拉练

每个企业都会有自己的空白市场或者没有充分开发的市场，市场拉练就是针对这两个市场上量最好的方法。市场拉练主要围绕着新客户的开发，库存的消化和上人、留人工作的展开，所选的市场一定是空白市场，以省办、地办或县办为单位统一拉练，选好拉练品种（培育的品种）和拉练的礼品（被子、净水器、黄金锅、血压计、各种小型医疗器械）进行市场大练兵。

一个好的产品旺季只有三个月，淡季却有九个月，淡季就是企业拉练的好时机，尤其是在夏季。在市场拉练的时候一定把所有的利润都拿出来，除去拉练的花销，其他的利润都要给客户，刺激客户使用产品，同时教会新人怎么走访市场、怎么谈客户、怎么拉单，对团队是一次大锻炼，能提高团队的协作能力。

四、针对基层医生的谈单技巧

做医药销售要讲究销售技巧，方法得当事半功倍，方法不当即使付出再多也是无用功。业务员跟基层医生谈单时如何巧妙地使用谈单技巧，提高谈单的成功率？为什么有的业务员谈单就能出货十几万元，而有的业务员谈单连1000元都不能成交，问题出在哪儿？是业务员能力的问题还是其他因素呢？之所以出现这些现象跟业务员自身的谈单技巧有关，每个业务员的谈单水平都不一样，一般善于使用技巧的业务员会占有很大优势，特别是善于研究客户心理的业务员，有自己的一套独特的谈单技巧。跟基层诊所医生谈单，就要学会分析基层医生的现状及心理特征，以便做出针对性的谈单策略，提高谈单的成功率，轻轻松松做业务。

1. 知己知彼，百战不殆

既然做基层诊所，业务员的目标客户就是基层医生，要想做好基层诊所业务就要研究客户，这样才能熟悉他们的做事风格和习性，方便对症下药。

（1）熟知医生的基本信息。

客户的姓名、电话、生日（包括他家人的生日）、爱好、性格、为人处世的风格、当地的影响力、诊所生意的好坏、医生的实力（财力和医技）等，都要调查清楚，最好用笔记在笔记本上，方便业务员精准划分客户类别，制定相应的方案来对症下药。

（2）做好市场调研工作。

业务员跑业务要注意观察客户是什么类型的医生？

擅长内科、外科、儿科、妇科还是全科，看自己的产品是否满足诊所的需求？客户平时开处方的习惯？

客户喜欢卖基药、普药、保健品或针剂等，看客户的卖药能力如何，是否有合作的潜力？

客户的处方有多大？

一般医生客单价 20～50 元，会卖药的医生客单价在 100 元以上，会看病的医生客单价在 1000 元以上。

诊所的硬件设备怎么样？

基层诊所是否有血压计、制氧机、雾化器、心电图、血细胞分析仪等硬件设备，可以跟基层医生合作进行诊所仪器援建工作，提高诊所的诊疗水平。

企业的竞争对手有哪些？

企业的竞争对手实力如何、使用何种方式跟客户合作、给客户的政策如何、竞争对手对当地市场的开发情况如何、跟基层医生的关系如何，都需要调查清楚，便于业务开展。

（3）善于找需求。

业务员平时跟基层医生打交道，就要暗地观察客户是否思维开阔、是否有危机意识、客户目前所遇到的问题有哪些，在平时聊天过程中要善于捕捉有效信息，尽可能全面掌握客户的信息，然后找出客户的痛点。一旦找到该客户的痛点，业务员在谈单的时候就会占据主动权，谈大单的成功率更高。

2. 苦心人天不负，三千越甲可吞吴

做药品销售是一件很苦的事情，就是把简单的事情不断地重复做，让做的事变得不简单。业务员平时拜访基层医生时就要热情，用我们的热情感染客户，尽可能给基层医生留一个好印象，让客户心里接受业务员，再做好诊所服务工作，成单就是水到渠成的事情。要想真正谈出大单，业务员平时得这么做：

1）每天确定好拜访路线，确定好拜访的医生，最好是新老客户都要定期拜访，每月使用客情礼品 10 件左右来维护客情关系。拜访客户的客情礼品可以是大米、白酒或饮料，坚持维护正常的客情关系。

2）每月召开一次客户圆桌会进行产品交流和答谢，改变基层医生的处方习惯，培育大处方和疗程用药习惯。

3）每月选择 4 家诊所全天驻店维护，给基层诊所做动销活动，提高基层医生的影响力和知名度。

4）开展消费者健康讲座，组织试服、试贴活动，加大宣传资料的使用力度，帮助客户引导患者合理用药。

5）业务员要有交通工具，最好是有代步的私家车，提高办事效率。做基层诊所的客户相对分散，需要一个交通工具提高办事效率，平时拜访时还要注意自己的言谈举止和穿着打扮，给客户留下好印象。基层医生每天会接待很多厂家的业务员，他们从一些细节就能看出每个业务员的素养和实力。所以，业务员也需要包装，平时拜访客户注重形象，绝对不能迁就，不要让客户把自己定位成办事不靠谱的人。

3. 它山之石，可以攻玉

（1）新客户谈小单政策

必须制定业务员跟客户谈判小单政策，基层诊所接受大单的客户数量毕竟有限，加之客户对产品不熟悉，很多基层医生刚开始合作就想少拿点产品，试用一下产品效果如何，以小单为主客户接受程度高，成交率也高。谈小单的时候切忌跟医生算小账，一定要让利客户，引起客户体验产品的兴趣，这也是刚开始给客户建立信心的阶段。即使客户最终没有卖出去产品，业务员也要放宽政策，前期没有利润的刺激，客户不愿意销售产品。既不清楚产品的疗效，也没有形成处方习惯，所以，只有通过这种方式基层医生才会接受小单政策，在利润的刺激才开始试卖产品。

小单政策主要是针对新开发的客户，业务员每天都在走访市场，只要坚持每天出小单，每个月累计下来也有不小的收获，就看业务员平时愿不愿意谈小单。

（2）老客户谈合作方案

业务员跟老客户谈单，一定要养成按件拿货的习惯，不然以后很难培育消费习惯。在谈大单的基础上，多引导客户了解企业的市场运作模式和营销思路，业务员跟老客户谈单一定是谈合作方案，产品放在次要的地位，老客户也愿意谈未来的发展模式，以及合作后的整体运作思路，只要能满足基层诊所发展的需要，就能谈成大单。

例如现在比较热门的特色疗法、器械援建工作、专家培训、特色专科和慢病管理等，这些项目都可以跟老客户合作，就看基层医生的需求偏向于哪一方面。现在很多基层医生最不缺产品，他们最缺诊所经营思路和转型方法，业务员抓住这两个需求点去跟客户谈，谈成大单的概率很高。

所以，跟老客户谈单不要谈产品政策，而是谈企业在基层引进的特色方案。只有谈合作方案，产品才会有更大的销量，终端业务员越干越有劲，基层诊所市场越来越成熟。

（3）三人团队协同作战

俗话说："一个好汉三个帮。"终端业务员跑业务，一个人力量薄弱，如果整个团队协同作战跑业务成功率更高，做业务也会轻松许多。例如在基层诊所碰到搞不定的客户，可以请两个同事帮忙谈单，这样就组成了"无敌铁三角"，只要客户关系到位，三人可以合力拿下大单。

有时候遇到难缠的客户，业务员独自去谈单很容易被客户拒绝，如果团队人多，一旦有人被拒绝，另外一个人也能接上话题，前提是客户有时间聊天，切忌在医生忙的时候打扰人家。

（4）善于分享本地案例

多分享本区域内的优质案例，特别是卖产品实现名利双收的经典案例，业务员要耳熟能详，与客户分享成功的案例，以引起客户对业务员的重视，触动基层医生内心的需求点。例如分享本地某医生怎么治疗某些疑难杂症，或怎么经营诊所，然后结合企业的产品和政策，不断引导客户建立合作关系。

分享案例的时候一定让客户觉得产品好卖，而且产品的适用人群大多数都在基层，只是平时没有关注而已。例如有些基层医生只看疑难杂症，不看头疼脑热的常见病，前来就诊的普通疾病患者会推荐给附近的医生。这类基层医生的生意越来越好，名气越来越大，他们更注重培养诊所的品牌效应，以便提高自身的价值。

五、针对基层诊所的谈单技巧

卡耐基曾经说过：“一个人的成功，约有15%取决于知识和技能，85%取决于沟通，即发表自己意见的能力和激发他人热忱的能力。”善于沟通的人往往受人尊敬、爱戴和拥护，懂得说话技巧者，能掌控事情和影响他人。业务员跟基层医生谈单时，运用谈单技巧能提高成交率，辅助自己做好业务。在基层诊所如何谈单，具体技巧如下：

1. 政策单的设计

每个月无论是公司总部还是各级分公司都会出台一定的政策支持终端业务员做市场，很多时候上级的政策需要整合，不能对总部给的建议按部就班地执行，一定要设计出贴近自己市场的政策单，甚至可以根据自己客户的特点灵活设计比较有个性的单子。有些医生会接受大单，有些医生只能接受小单。做事一定要灵活，不能死搬硬套，遇到什么样的人就选择什么样的推销方式，这是一个优秀销售者应有的样子。

（1）大单的设计。

一个市场上接受大单的人毕竟有限，不是所有的基层医生都能够接受，所以大单的设计必须要与小单有所区别，尤其是在利润方面拉开档次，对基层医生才会有吸引力。建议单子金额至少在1万元以上，根据客户质量划分档次，在保证利润的基础上，给医生60%以上的利润，这样的单子才能满足基层医生的需求。当然也可以通过压货满足医生其他方面的需求，例如引进器械、技术和学习深造等，都可以辅助业务员谈成大单。

大单固然好，但要做好后勤保障工作，如保证近效期药品退换、每个月固定做几场动销活动，或者帮医生达成某种目标。在谈大单的时候也要学会借力，例如借助订货会的政策、自己领导的辅助或和其他医生拼单，也可借助当地民间协会会长或比较有影响力的人物谈单，这些方法可以灵活运用到谈单中，有助于业务员谈成大单。

（2）小单的设计。

因为基层诊所的生意有好有坏，有的客户接受不了大单，准确来说在基层诊所 80% 的客户都是接受不了大单，在一个镇子上生意好的、能卖产品的医生就两三个，所以小单是很多基层医生的最爱。

首先，跟基层医生谈小单不压货和资金，也在基层医生的能力范围内，他们也愿意接受小单。

其次，对于业务员来说，小单能快速达成销售目标，只要基层医生能够接受小单，业务员就有机会培育基层医生逐渐向大单迈进，随着客情关系的升温，彼此的合作关系也会逐步加深。

最后，如何设计小单政策才能提高成交率，最好是让 80% 的基层医生都能接受小单。建议单子不要超过 3000 元，最好控制在 1500 ~ 3000 元，这样大部分医生都能接受。假如产品供货价是 1500 元，基层医生卖出去的纯利润在 2000 ~ 3000 元，如果制定的小单政策达不到这个范围，也可以给客户送其他东西，前提是终端业务员能够承担得起费用。

假如遇到很难对付的客户，谈小单政策还在犹豫时，就给客户额外申请一些配品。配品最好是公司支出，切忌自己做主送基层医生。一般送零售价200～300元的药品，但前提是以公司的名义送，不然会失去赠送配品的意义，导致业务员跟客户的生意越来越难做。

2. 客户精准划分

业务员肯定了解在自己的市场中哪些客户是重点客户，也就是所谓的有效客户，哪些是一般客户，这个在谈单之前必须划分清楚，方便谈单时对症下药。

（1）重点客户谈单。

业务员去重点客户诊所谈单，必须要熟悉重点客户的个性，做出针对性的合作方案。之所以划分为重点客户，客户肯定在某方面比较优秀，客户比较信任业务员，也愿意卖企业的产品。有时候跟客户的客情关系到位，业务员只要去诊所简单说说就能快速成单。因为彼此熟悉，客户想要什么样的政策，业务员心知肚明，所以在跟重点客户谈政策时，一定根据客户的性格制定政策单。

基于关系好，了解企业的产品，也会销售产品，所以设计的政策单能否接受，就看业务员能拿出多少利润，或者在其他方面能否满足医生的需要。有可能一个重点客户的单子，就是一般客户的单子的总和，所以重点客户是业务员手里的宝，一定要维护好重点客户，争取建立战略合作关系。

（2）一般客户谈单。

一般客户就是忽冷忽热的客户，也包括陌生准客户，业务员对一般客户的掌控程度不够，客情关系不到位，一般去谈单的时候心里没底，大概有50%的成功率。

对于一般客户，业务员可以从药品疗效、安全性、利润点和销售技巧方面去谈，根据对客户的掌握程度，设计出比较合理的单子。建议用小单切入，这样能提高成交率。

3. 客户对产品的了解程度

一个客户对产品的了解程度对产品的销量有巨大的影响，一般来说，基层医生了解产品最好的方法就是圆桌会或学术会，能提高产品的推荐率，直接影响产品的销量。对产品比较了解的客户，或者使用产品比较有心得的客户，谈单的时候就需要向大单方向靠拢，这些客户也不担心产品卖不动。

业务员比较了解企业的产品，但很多基层医生根本不了解产品，这就需要业务员在谈单的时候借助外部力量，如借助学术会谈单，基层医生的接受程度就会很高。

对于不太了解的陌生客户，业务员在谈单的时候不用过多介绍产品卖点，主要以利润刺激陌生客户，或者以合作方案谈单，谈单的成功率很高。遇到这类客户最好抱着成一单是一单的态度，毕竟客情关系不到位，医生也不了解产品，需要一定的时间去培育才能出大单。

4. 客户对产品销售技巧的掌握程度

业务员可以仔细观察一下，在市场中会卖产品的客户都是优质客户，这些基层医生都有一个共同的特点，对新事物好奇且接受程度高，销售技巧熟练的客户，有一套自己销售产品的方法。

对于熟练掌握产品销售技巧的基层医生，尽量谈大单；对于销售能力比较弱的基层医生，要以产品销售技巧为切入点，把会卖药的医生的经验总结出来，然后跟基层医生交流，想办法让他们接受小单。只要诊所导入产品就有合作的基础，哪怕基层医生销售不出去，也可以全部回收或者调换产品，要培育基层医生销售产品的技巧和积极性。

5. 准备好谈单工具

谈单的准备工作一定要做好，尤其要准备好谈单的辅助工具，单靠业务员的一张嘴谈单，成单率并不高，也显得草率和随意。在实际谈单过程中，业务员该准备哪些工具呢？

（1）交通工具。

业务员最好有一辆能代步的汽车，这样能够提高办事效率，同时还能带领导或同事辅助业务员去谈单，做事方便有效率。

（2）准备好纸、笔和政策单。

业务员跟客户谈单的时候一定要带纸、笔和政策单，政策单最好是盖有企业的公章，显得公司比较正规，业务员都是按照公司的政策谈单，不会给客户留下私下截留政策的印象。

业务员谈单的时候，假如客户接受政策单方案，一定要让客户在单子上签字。签字了，既可以给自己的领导看，也可以作为业务员送货的凭证，避免有些客户变卦，或者不承认政策等问题。业务员最好自己准备好纸笔和计算器，做好充分的谈单准备，这样成交率也会提高。

（3）准备好谈单客情礼品。

谈单要有客情礼品，可以增强谈单效果。

（4）后备箱准备好谈单的品种。

准备谈单品种是为了快速成交，一旦跟一个客户谈成小单政策，业务员直接给客户供货，避免客户在等待过程中变卦或者有其他因素影响成交，也能避免客户没货卖的尴尬。

6. 谈单由大到小，多准备几个方案

业务员在跟客户谈单的时候，政策单尽量大一些，因为很多客户不管单子的大与小，谈单时都会跟业务员讨价还价。如果单子太小，就没有回旋的余地。

业务员明知道客户最多能够接受 2 件产品，但在谈的时候就要谈 5 件，最后成交的结果有可能是 3 件左右。假如按 2 件谈，最后可能出去半件左右。这就是谈单由大到小谈的原因，这也是很多业务员的实战经验，按照这个方法去谈肯定没错。

业务员还需要多准备几个方案，来应对客户不接受单子的情况，以免因小失大。这个方案不接受可以谈另一个方案，只要客情关系到位，不管是大单还是小单，客户都要选择一个单子。

灵活应对客户对配品的选择，可以让客户选择自己喜欢的配品，切记不要按照总部给的政策单死搬硬套，有时候业务员即使自己少赚一点，也要尽可能促成单子交易。

7. 组织医生应季游玩

现在基层医生的工作很枯燥乏味，他们也希望有机会去外面放松一下，也想跟朋友一起游玩。企业可以组织医生出去游玩，建议每个季节组织应季活动，促成政策单的谈成。例如春季组织春游 + 自助烧烤活动，夏季组织漂流活动，秋季组织农庄采摘活动，冬季组织泡温泉活动。这些活动的投入较少，人数也不多，组织家庭联谊活动效果最好，15 个人左右就可以游玩，人数尽量

不要太多，否则不好管理和组织，影响活动的效果。

组织基层医生游玩肯定涉及费用问题，建议小单切入应季活动，单子金额2000元左右。按照目前终端业务员的毛利算，一个客户身上至少能赚800元，除组织应季活动的投入，其实花不了多少钱，客户就游玩一天，企业只需要支付门票费和吃饭费用。基层医生对应季游玩活动非常感兴趣，只要活动有意义，客户都愿意参加，也愿意接受小单政策。

8. 配合公司的活动，团队协同作战

一个好的控销企业每个月会推出“战役”品种，在“打战役”的时候会有相应的产品政策，业务员一定要抓住这个机会打好战役，赚到该赚的钱。

业务员在打战役的时候除了把公司既定的战术落实到位外，还需要团队协同作战才能做出好成绩，单打独斗很难上量。根据自己市场上客户的质量，准确分析出接受大单的客户和接受小单的客户，以便针对性地带着团队去跟单，也能跟出好单。团队协同作战最好由三人组成，谈单的时候可以相互帮助和配合，三人里面有领导最好，可以在关键时刻帮业务员稳住局面，促成单子成交。

有时候客户对政策单的政策虽然很感兴趣，但由于自身的实际情况没能力接受，遇到这类客户可以想办法跟别人拼单，尽可能拿下单子。可以从利益角度给医生分析，也可以说政策是全年力度最大的一次，客户只要在前半个月下单，公司还有额外奖励。额外奖励可以给客户送小基药和普药，送100～200元的产品就能吸引客户，客户下单的概率非常大。

9. 不要跟客户算小账

在现实生活中，90% 的业务员都会跟客户算小账，俗话说"小舍小得，大舍大得"，不要把客户当傻子，他们心里很清楚，只是嘴上不愿意表达出来。

在现实生活中，怎么才能不让客户认为你在算小账呢？例如业务员跟一个客户好不容易到了谈单的地步，但是客户犹豫不决，或者找其他的理由说产品和单子的毛病。这类客户纠结要不要签单，或者签多少量，客户只要接受业务员，肯定能够接受产品，哪怕客户拿几盒产品试用也行，只要客户愿意使用产品，以后就有机会培育出单子。

即使客户签的单子再小也要给客户相应的政策。一方面客户是基于利润的刺激；另一方面是业务员的诚意，让客户跟业务员签单。这个方法适合刚接触不久的新客户，或者客情关系还不够到位的基层医生。对于客情到位的客户，业务员也不能算小账，公司既然把所有的政策都给下面的终端业务员，业务员就要坚决执行公司的战略战术，不能截留给客户的政策，截留政策肯定谈不出大单，更不用说完成任务。该给客户的政策一定要给，不然业务员总是跟客户算小账，最后把自己的客情算没了，得不偿失。

业务员谈单一定要朝着做药的方向发展，而不是给基层诊所卖药，做一件事不仅仅看眼前，只要把基础工作做踏实，基层诊所业务上量就很轻松。

10. 线上、线下相结合

现在互联网的应用无处不在，也无所不能，做药的人员完全可以借助互联网，在线上跟客户谈单，用微信谈单效果更好。基层医生基本上都有微信，一般以区域为单位，或者以省为单位，都会有基层医生微信交流群。业务员只需要在微信群里发签单的喜报，要求每个业务员都要发签单喜报，不管是大单还是小单，都要晒出来。一方面可以调动业务员的积极性；另一方面可以刺激客户下单，营造一种黄金爆品的氛围。

线下也要去跟，现在的业务员普遍都简化跑业务的程序，都在电话或微信上谈单，很多基层医生非常排斥电话谈单，毕竟业务员跟医生的感情是做药的基础，做事一定不能停留在想和说的阶段，要真正切切地做，只有做到了才有发言权，只有多跑、勤跑才会有收获。现在是信息化时代，借势的同时还需要夯实基础，做到线上与线下相结合，为销售助力。

六、如何应对欠款问题

很多做基层诊所的业务员都抱怨货虽然出去了，但是货款还没有收到，实际上是压着自己的款在做事，甚至有的业务员做市场快到过年的时候手里只有一堆欠条，感觉做市场很难。现在做基层诊所业务现款现货是很难做到的，业务员应该给基层医生一定的账期，但这个期限得有个度，千万不能让基层医生养成拿货不回款的固有思维或习惯。做基层诊所到底该如何收欠款呢？

1. 找有实力的医药公司合作

做工业的药企必须找一个有实力的医药公司合作，企业的终端经理只负责拉单，收货款和配送专门由医药公司去做，这样会省去很多麻烦事。企业的业务员只负责开发客户和谈单，具体收货款和配送是医药公司来做，终端业务员就不涉及压货款和收不上来欠款的问题。

所以，找一个好的医药公司合作会省时省力，安全又合法，终端业务员承担的风险小，也能集中精力做市场。

2. 别只顾压货，得跟上动销活动

现在大部分业务员已经意识到压货问题，但是没有完全转变思想，虽然意识里有了动销活动的概念，但在落地的时候只是一句口号。很多人还是做着以前压货的活，只能干巴巴等着医生自然销售完再结款。虽说业务员每天也很忙，但只是走过场而已，对销售的辅助作用不大。

基层诊所必要的压货是必需的，但是货出去了，动销活动要跟得上，不然永远结不到货款，只能得到一张欠条而已。为什么客户不愿意结款？就是因为货压得太多，再者现在跟基层诊所合作的厂家也多，医生没有经济能力去结款，何况我们合作的对象是基层医生，他们的处境很困难，手头没有太多的闲置资金。

所以，要想快速拿到货款或者欠款，业务员就要在动销活动上下功夫。现在单靠医生一个人销售产品的难度很大，在一个市场上，能卖药或者会卖药的医生屈指可数，大部分医生需要业务员协助完成销售。最好的方法当然是在诊所里做各种形式的动销活动，只要帮助医生卖出产品，就不怕结不到货款或者欠款。

时代变了，业务员做药的思维也要发生变化，现在已经是一个信息共享和线性的时代，假如业务员还在沿用以前的传统思维做市场，结局注定是惨败或者维持现状，不能从根本上有所突破

和发展。

假如自己还在靠着医生自然销售，那么结款是难上加难。所以，动销活动是解决回款和欠款问题最直接有效的方法，具体动销活动的方法可以在本书动销篇找到。

3. 选择适当的战术

现在做市场不像以前那么好做，很多做第三终端诊所的人深有感触。要想做好基层诊所市场，就要看哪个企业的套路深。这里的套路不是去欺骗合作客户，而是通过适当的“战术”实现诊所开发、维护和上量，还有解决回款难的问题。特定的时期都会有特定的战术，具体哪种战术适合自己呢？3D 抽奖战术就是非常好的一个战术，运用 3D 抽奖战术绝对不会存在压款的问题，因为客户要参加抽奖必须是现款现货，而且是以小单为主，利用客户愿意参加抽奖的意愿，效果很好。

当然还有其他的“战术”可以辅助回款，例如基层医生比较感兴趣的技术和援建器械工作，都可以辅助业务员回款。如果企业是以学术会或圆桌会为主导，可以在会议现场以小单切入，如现场只要回款或回款一半的客户都会额外享受其他的优惠，客户是很难拒绝的，因为是小单，不存在不接受的问题；其次，现场转账会得到额外奖励（送一盒药）。

4. 跟客户一开始合作就打好预防针

客户的固有模式和习惯都是厂家养成的，不回款或者欠款也一样，为了图一时之快把货搞到基层诊所，从来不预估压货的后果。所以，现在做市场越来越难，甚至欠款都是约定俗成的，业务员直接跟客户谈货款会伤害到医生，导致做市场很被动。

业务员做市场的时候，欠款的客户是有，但是只是少数几个人而已，就是所谓的“钉子户”客户，大部分客户都能在月底回款。因为做市场一开始就要给客户潜意识里定规矩，虽然有难度，但要坚持下去，时间久了就会养成习惯，客户也会知道业务员为人处世的习惯。公司要求业务员月底回款，业务员没有能力去垫付资金，毕竟合作的客户不是一两家，当然这只是一个借口而已，目的是让基层医生快速给业务员回款。

有时候跟基层医生谈回款的事要善于使用技巧，让基层医生逐步养成月底回款的习惯。这可能会得罪一些客户，但这是正常现象，业务员不可能让每一位客户都满意，做市场肯定是有所取舍，没必要想太多。

5. 客情关系不到位，不回款只是借口

说到客情，每个人的理解方式不一样，但有一个现象，做市场的业务员应该都有体会，那就是不管客户进多少货，客户就是不愿意销售，总是找理由（价格贵、消费不行、生意不好）推辞，业务员看在眼里急在心里。这种现象很明显就是客情关系不到位，业务员某些方面做得不好，他们就会故意不销售产品，找理由推脱。

业务员长时间拜访某个医生，也许会拿一些货物，但尴尬的是产品永远销售不出去，业务员跟客户还处于简单的合作关系，照样拿不到货款。出现这种情况可能是客情出了问题，客情没有做好，基层医生也不愿意销售产品。

七、可向基层诊所推广的好项目

一旦到了秋冬季，很多厂家都在紧锣密鼓地部署自己的秋冬季“战役”，秋冬季“战役”到底怎么打，涉及年终的收入，因此尤为关键。现在做第三终端诊所的业务员可能深有体会，业务没有以前好做，跟医生打交道也越来越难，做业务的成本也在增加，企业要是没有核心竞争力，很难在第三终端诊所上量。

现在已经是一个信息共享和线性的时代，假如一个企业还在教业务员跑终端的时候推产品或卖产品，说明企业的营销思路已经落后，跟不上现在诊所发展的速度，满足不了基层诊所的需求。现在诊所缺的是经营思路，对产品的需求不再是刚需，厂家业务员如何开发和维护诊所不是靠嘴去说，而是带着项目去跟诊所的医生或老板洽谈，这样才会在众多的厂家竞争中处于不败地位。

厂家的产品再好，没有好的营销思路也是废品。那么现在针对第三终端诊所做业务，业务员到底怎么办呢?

企业应该带着热门的项目去做，至少比没有营销思路好，仅仅靠业务员的嘴和产品很难打动客户。现在给诊所可导入的项目有那些呢?

1. 提高诊所诊疗技术的培训会

随着社会医疗环境的不断变化，很多诊所医生或老板也意识到了提高自己诊所诊疗水平的重要性，加之现在的诊所是遍地开花，处于一个百花齐放、百家争鸣的状态，尤其是生意比较冷清的医生，用心焦如焚形容一点也不为过。

要改变诊所的经营现状，医生就要学习一些特色诊疗技术，提高诊所在当地的影响力。例如学习中医特色技术和针对基层诊所常见病的诊疗技术都是医生比较喜欢的项目，也是改变医生诊所现状最好的项目。但是这两个项目在市场上鱼龙混杂，很多医生很难做出取舍，根本原因就是厂家在宣传特色诊疗技术的时候夸大其词，甚至有的业务员让医生去学技术，客户学习完技术后却很难在基层实施，最后导致客户流失，业务员信誉荡然无存。

以上只是少数现象，多数业务员在引进特色诊疗技术项目上收获颇丰，少则 10 万元左右，多则上百万元。现在到底哪种特色诊疗技术深受医生喜欢呢？这个问题确实很难回答，无论企业引进哪种技术，最根本的动机是销售产品，甚至可以给医生压货。前提是企业引进的特色技术必须跟产品相配套再去实施，只要把这个问题解决好，上面问题的答案就有了。

现在诊所发展离不开特色项目，假如某个企业还没有引进相配套的特色诊疗技术，业务员肯定赚不到该赚的钱，因为大家都在搞特色项目，而自己的企业却犹豫不决，怕竞争不过其他厂家。大家可以想一下，别人能够赚到钱而自己却不能，自己觉得很难做而别人做得如火如荼，既然现在基层医生有这种需求，企业为什么不去满足呢？

说得多不如做得多，有些业务员在走访市场的时候客户说不需要或者已经学习了特色技术，回来就跟自己的领导反馈问题，甚至有些业务员不停地向领导抱怨做不了特色项目，抱怨别人已经做过了，再去做就没意义了。很多业务员只是说说而已，客户肯定会拒绝学习特色项目，毕竟需要医生花费时间和精力，拒绝也是正常的。针对这种情况，业务员要经常跟客户沟通，甚至可以带客户去企业的标杆诊所看一看，看其他医生怎么通过学习特色项目赚钱和转型，实现名利双收的。

所以，各位业务员不要再犹豫和徘徊，企业要想打好秋冬季“战役”，就需要引进特色项目做市场，提高诊所诊疗技术的培训会是一个好项目，值得在基层诊所大力推广。

2. 提高诊所经营水平的论坛

现在 80% 的基层医生还处于相对迷茫的状态，纠结变还是不变，纵观基层诊所发展趋势，基层医生必须转变经营思路，不变注定会走向破产。提高诊所经营水平的论坛特别适合基层医生参加，论坛上面可以学习诊所速转型和合理经营好诊所的秘籍，深受基层医生的喜欢，尤其是如何合理提高营业额，很多医生都关注这个话题。

很多企业在做“‘基层诊所、卫生室经营之道’大型论坛”，这个项目在各省乃至全国运作，每场会议 500～1000 人参会。从开会时候医生听课的状态，就能明显感觉到这个课题真的是他们需要的，也能从中学到很多东西。

开这种论坛固然好，但论坛的主题和邀约的老师一定要实战和接地气，不要给基层医生灌输“高大上”的理论，他们需要的是方式和方法。因为现实生活需求所迫，现在诊所也要讲究营销，保守落后的思想注定会被社会淘汰，也不会有太大的作为。组织开展提高诊所经营水平的论坛是近几年比较热门的项目，这个项目简单易操作，核心就是讲授的主题和邀请的老师是否有实力，这里的有实力指的是实战，企业不要搞一些虚头巴脑的东西，也不要给基层医生画饼。

3. 西转中，让更多的医生拿到中医证书

按照目前我们国医生的比例来说，西医的数量占绝对优势，但是随着国家对中医越来越重视，一些主要依靠打针输液获得收入的医生很可能会面临失业。这并不是吓唬基层医生，大家可以在走访市场的时候仔细观察一下，客户收入的主要来源是否是打针输液。

既然国家大力扶持中医中药，特别是对基层诊所这块尤为重视，要求基层医疗机构必须配备相应的中医医生或助理医生。这对于学西医的医生来说将是一场“变革”。

国家现在也放开了关于扶植中医中药的政策，鼓励更多的人从事中医中药，所以很多学西医的医生也就慢慢地向中医方向转型。但不是一时半会就能学到中医的精髓，这需要一定时间的积淀。尤其是做中药的厂家，就要帮助西医医生快速向中医方向转型，最好的方法就是嫁接相应的培训机构，帮助医生拿到中医确有专长医师或助理医生资格证。这样他们就能从事中医相应的工作，也能帮助诊所顺利转型。

根据市场调研结果显示，现在很多基层医生缺乏这个证书，有很多医生想向中医转型，这个项目近几年也比较热门，值得药企引进为销售服务，让终端业务员在做业务时更加自信，跟医生有项目可谈，医生也要愿意跟厂家合作。

这个项目虽然火爆，但是企业在选择培训机构的时候一定要谨慎，尽量选择有实力、通过率比较高和售后服务比较好的机构，不能为了做而去做这个事情。所以，企业在选择培训机构的

时候，一定要做好相应的调研工作。

4. 旅游学术

近几年，旅游学术是比较火的项目，很多有实力的企业都在做，但是效果如何可想而知。旅游学术，顾名思义就是“旅游+学术”，重点在学术做文章，旅游只不过是一种形式，既然侧重点在学术，就要有学术的样子。这里讲的学术是广义的学术，具体来说就是开企业文化、品牌交流和营销思路的学术会。然而现实生活中绝大多数企业围绕产品去开学术会，所以收获甚微，最后导致员工怨声载道，没有达到预期的效果。

这个项目不是每个企业都能开展的，需要一定的资金和资源，给客户和终端业务代表呈现学术的形式及内容要有吸引力，这就要求企业在市场上一定要玩出花样，企业的旅游学术就要跟别人不一样，有耳目一新的感觉，这样的学术会才会有新意，才会吸引客户参会，然后才能在会后做文章。

现在市场上哪种形式的旅游学术才是客户喜爱的呢？据有关数据显示，最具有代表性的旅游学术项目是“国外游”和“豪华游轮”，这两个项目如果没有一定的客情基础和投入是无法进行的，那为什么还要重点介绍这两个项目呢？其实原因很简单，就是吸引客户的注意，增强跟客户的客情关系，提升企业团队的士气。

“国外游”这个项目，企业有能力可以多组织，好处颇多。在选择旅游项目的时候，最好选择客户没有去过的地方，特别在组织活动的时候就要根据客户的需求和爱好分类开展。例如年轻的客户就喜欢玩刺激性的项目，上了年纪的客户就比较喜欢怀旧的项目，这样分开效果会好很多。

企业开展旅游学术，大部分厂家会组织国内游玩或者东南亚国家游玩，这对现在的客户几乎没有刺激。企业完全可以组织基层医生去远一点的地方游玩，体验不一样的风土人情。既然是旅游+学术，那么企业的学术会也要有特点，不要一味地讲产品，要适当地提高开会的价值。开会不是让客户简单了解产品知识，企业要输出自己的核心价值观和思想战略，从而让客户从内心深处认同企业文化。企业重点要琢磨旅游学术的特色，用何种方式去分享也需要精心设计，如邀请名家进行企业文化软实力的输出，从而带动产品销售，利用名家输出企业战略思想，提高基层医生参会的积极性。

“豪华游轮”也是重点推荐的项目，根据出行的距离长短，时间也不固定，客户上船所有的事项都要听从企业安排。很多基层医生非常愿意，非常有纪念意义。既然是“豪华游轮”，企业肯定要在前期做好宣传工作，让活动凸显出“豪华”，让参加活动的客户都有深刻的体验。

在旅游期间要开展必要的学术讲座，开会也是旅游学术必有的一个项目，除了学术交流外，还要增加旅游的娱乐项目，如晚宴、酒会、卡拉 OK 等娱乐项目都可以在邮轮上进行。

除了满足客户需求外，旅游学术还有一个非常重要的意义——能提高企业员工的凝聚力，让员工更爱企业。有的做药老人可能一辈子都没有体验过这种活动，员工的积极性有了很大的提升，也减少员工不必要的流失。其实培养一个优秀的员工很难，既然企业付出了时间和精力，就要想办法把优秀的人留下，为了共同的事业而奋斗。

以上给大家分享的四个项目，做第三终端诊所的企业至少要有一个，假如连一个都没有，甚至是连这样的想法都没有，那就很难在基层诊所市场上有所突破或作为。现在没有项目去跟诊所合作，很难在诊所上量，而且员工做业务特别累，难免会出现兼职、自营、窜货等一系列破坏市场的行为。究其原因是谁的过错，最大的责任在于企业的领导。

现在企业的领导不好当，团队更不好管理，如果没有真本事是做不了基层诊所市场的，这就是很多企业进入第三终端诊所感觉力不从心，甚至迷茫的原因。假如业务员有这种困惑不妨先静下心来，找出自己企业的优势、营销思路和特色项目再跟客户合作，尽量不做无用功。谷丰老师曾经在论坛上说过："现阶段医药行业的主要矛盾是快速变化的生存环境与相对滞后的经营理念。未来3~5年整个医药市场将重构、推陈出新，利益更替，跟上时代的步伐才有机会，乱世才出枭雄。"这句话总结得很到位，没有一成不变的事物，变才能跟上时代的步伐。

第三章
诊所开发攻略

一、客户拜访的准备工作

1. 客户拜访前期准备工作

市场搜集工作能够准确地了解到顾客的需求与顾虑，以便帮助顾客解除顾虑，并满足他们的需求。掌握市场信息会给予你自信，你知道自己在与顾客讨论他需要的信息。拜访前计划有的放矢，使你能够预见到顾客潜在的异议，以便事先准备好恰当的答案。

（1）了解自己管辖区域内的空白客户情况。

1）通过当地药监局、卫生院等机关单位查找卫生室、诊所收集客户资料。

2）其他同行、医药公司业务员及同事告知的客户资料。

3）通过互联网查询、搜索和排查得知的客户资料。

（2）准备手机电子导航地图。

在地图及上网的时候了解自己管辖区域的面积、乡镇、人口数量及相邻的市、县、镇、乡，熟悉地图、交通路线。

（3）准备拜访客户资料登记本、个人名片、准备产品宣传资料及文件夹（有条件最好在车内放一些药品实物）、小礼物。

（4）熟记产品知识及卖点，了解竞争对手的产品差异化。

（5）注意穿着。

2. 制定拜访前计划

1）确定拜访路线。

2）确定拜访的医生。

3）回顾近期拜访记录。

4）他是哪种类型的医生？

5）他在用什么药？

6）应向他推销什么药？

7）有哪些竞争对手？

3. 信誉建立及心态树立

（1）信誉建立。

1）个人影响力。每个做销售的特点都不同，根据自己特点发挥优势，最好是让客户第一次就记住自己鲜明的个性特征。

2）行为举止。第一印象很重要，终端业务员应该伶俐机警、穿着得体、彬彬有礼，静坐等待医生时坐姿端正，这些举止都可以充分表现出礼节。

3）说话技巧。说话技巧就是指在知识、技巧及态度等方面为解决顾客问题而准备的程度。从长远看，能力是建立信誉要素中非常重要的一环。但这并不见得要在第一次拜访中就拼命表现给顾客。尤其是新代表刚开始拜访客户很难建立信任感，信任感的建立需要时间，要随时迎合顾客的期望才能促成。

4）善于发现。在等待医生时，不妨看看四周。对于一般性的话题，例如别人送的锦旗里的人名，病人为感激医生治愈疾病所赠送的感谢信等，会发现很多东西都能拿来作为话题。但诚实很重要，不懂装懂或为了凑合而假装有兴趣是不可取的，被拆穿反而难以摆脱窘境。

5）诚挚。诚挚就是指终端业务员对于拜访有一个良好的动机。从谈话的口气、语调、声音、词汇及身体语言中，顾客会觉察到是否真正对他们产生兴趣，或者只是为了销售而敷衍。在建立信誉阶段，最重要而必须用心表达的信誉要素就是诚挚。顾客导向以“您”为口头禅的态度是建立诚挚的最佳方法。

（2）优秀销售人员需要树立的几种心态：

1）积极的心态。销售人员必须具备积极的心态，积极的心态就是把好的或者正确的方面扩张开来，第一时间投入到客户服务中。

2）主动的心态。我们需要“没有人告诉你而你正做着恰当的事情”，如果主动行动起来，不但锻炼了自己，而且为自己争取更多的客户储蓄了财富。

3）自信的心态。要对自己服务的公司充满自信，对我们的产品充满自信，对自己的能力充满自信，对同事充满自信，对未来充满自信。自己是将优良的产品推荐给消费者去满足他们的需求，自己的一切活动都是有价值的。很多销售人员都不相信自己的产品，又怎么能说服别人相信自己的产品。很多销售人员不相信自己的能力，不相信自己的产品，所以在客户的门外犹豫了很久都不敢敲开客户的门。

4）包容的心态。销售人员会接触到各种各样的客户，也会接触到各种各样的消费者。这个客户有这样的爱好，那个消费者有那样的需求，我们是为客户提供服务的，满足客户需求就要学会包容，包容他人的不同喜好，包容别人的挑剔。同事也与自己的喜好不同，有不同的做事风格，我们也应该包容。

5）行动的心态。行动是最有说服力的，千百句美丽的雄辩胜不过真实的行动。我们需要用行动去证明自己的存在，证明自己的价值；需要用行动去真正地关怀客户；需要用行动去完成目标。如果一切计划、一切目标、一切愿景都停留在纸上，不去付诸行动，那计划就不能执行，目标就不能实现，愿景就是肥皂泡。

6）双赢的心态。必须以双赢的心态处理自己与企业之间、企业与商家之间、企业和消费者之间的关系，不能为了自身的利益去损坏企业的利益。没有大家哪有小家？企业首先是一个利润中心，企业都没有了利益，自己也肯定没有利益。同样，我们也不能破坏企业与商家之间的双赢规则，只要某一方失去了利益，必定会放弃这样的合作。消费者满足自己的需求，而企业实现自己的产品价值，这同样是双赢，任何一方的利益受到损坏都会付出代价。

二、客户的开发

1. 诊所拜访的销售技巧

（1）自我介绍。

自我介绍的关键信息有：姓名、职务、公司名称、相关人或物的介绍。

（2）介绍拜访的目的。

例如“前两天，我跟同事（其他客户）探讨药品销售的时候，他说您是卖药的行家，建议我同您联系，所以今天特地过来拜访您，在您这里可以学到很多知识，肯定会对我日后的工作有相当大的帮助。”

（3）争取拜访的时间。

1）保持良好的礼节：打扰您真不好意思；不好意思，占用您宝贵的时间。

2）不要轻易被打发走：我只占用您两分钟的时间。

3）不要轻易离开：那我先在外面等一下，您先忙，我待会再进来拜访您。

4）不要轻易放弃：那我明天上午再来拜访您?

5）保持良好的时间观念：准时到达，千万不能迟到，但也不要早到太久。

6）记得感谢对方：非常感谢您给我一个认识您的机会!

（4）沟通期间挖掘用户需求。

1）要具备起码的专业知识。(产品的成分、疗效、价格等。)

2）要善于提问。（您以前与我们合作，最近销售我们产品品种的数量减少了，我方便了解一下情况吗？）

3）要主动帮客户解决问题。（给您造成困扰的事情都可以告诉我，我们公司将竭尽全力帮您解决。）

4）目光长远。（客户提到过期货问题，过期的产品您放心，我来帮您解决问题，绝对不让您有任何损失。）

5）把自己对对方的了解适当地表达出来。（×老板，和您沟通感觉您不是不认可我们的药，是怕将来的服务跟不上，相信以后您和我合作保证你没有顾虑。）

6）不要忽视任何人，不要轻视任何人。（很多业务员会根据老板的店面、药品的种类及销量小瞧客户，我们要相信一个真理，没有卖不出去的药，只有不想卖的医生和营业员，每个客户都是我们的潜力股。）

7）不了解自己的客户时，多聆听、多记录。聆听客户表达的中心思想，在自己能力范围内不能处理的问题或犹豫的问题千万不要马上答复客户，可请客户稍等，请示上级领导协助处理。

（5）为进一步交流创造机会。

1）时间有限，要不等您有空，我再找时间向您请教？

2）您刚才提到的问题，我回去后详细了解一下，明天（下次）再来拜访您。

3）我回去后马上根据您的要求做一个初步方案，明天（下次）给您送过来。

4）我待会就到现场去看看，我了解情况后再向您汇报。

5）我回去后就把您提出的问题汇报给领导，明天给您回复。

2. 拜访过程中遇到的普遍问题及解决方法

（1）价格太高。

“你们公司的产品价格太高，不好卖，你们还是找别人吧？”

分析：客户提出厂家产品价格太高的异议，可能是厂家产品价格确实要高于其他厂家或品牌，客户可能担心用户没有办法接受，产品卖不出去；也可能是担心产品价格太高，他的利润下降，没有钱赚；还有可能是厂家产品价格和其他厂家或者品牌价格差不多，客户想通过心理战，要求厂家做出让步。

策略与方法：当调查获知，厂家产品跟其他厂家或者品牌差不多，甚至还低时：

“您认为我们产品价格太高，您是与哪个厂家、哪个品牌的哪种规格的产品相比较呢？”

“您能不能告诉我，××厂家××规格的××品种是什么价格吗？”

“据我了解，我们的价格与××品种的价格差不多。（公司产品相对××品种的优势及我们的运作方法），您还担心什么呢？”

注解：通过反问客户的策略，打消客户以为业务员不了解市场而刻意压价的想法，同时将话题从价格问题转移到公司如何做市场、如何帮助客户推广产品上。

“我们的价格确实高了点，但品牌效应、广告支持、药品疗效您都不需要考虑，且公司给到客户的利润点也是足够的。”

客户回答产品价格高，用户不接受、不好卖。策略与方法：

“您了解过我们公司吗？我们公司有一个理念：帮助客户共同销售。我们有一整套产品推广计划和方法，可以列举一些帮助客户推广产品的方法与案例。客户卖不卖公司的产品是客户的问题，产品卖不卖得出去，是我们公司的问题。你还有什么顾虑吗?”

“您认为经营我们的产品最起码需要什么样的利润？您估计经销我们的产品后能产生多大的销量？您经营我们产品总体利润期望目标是多少？根据我们对市场的了解及经验，您经营我们的产品的总体利润目标可以实现。从我们全方位的推广支持后预计能达成的销量及促销政策支持等计算出总体利润，您还有什么担心吗?”

“我们的价格是比其他厂家或者其他品牌高一点，也应该高一些……（说明价格高的原因）。价格确实是影响用户购买的一个因素，您知不知道价值比价格更能影响用户的购买，理论结合案例展开说明。我们公司现在推行的是价值营销，然后拿出一整套的推广方案、计划与案例。”

注解：厂家产品价格高，不应简单地与竞争对手比价格，而是与竞争对手比价值，同时有一整套的推广策略、方案与计划。将这些道理，通过理论联系实际的方法告诉客户，获得客户的理解、认可与共鸣。

（2）公司政策不灵活。

“你们公司的政策不够灵活，你们还是找别人吧?”

分析：厂家政策不灵活，是指厂家的结算方式、铺货政策、奖励政策不灵活，原则性比较强。在这种前提下，客户有两个目的：一是以此为借口，不愿意做厂家的产品；二是想获得更多的优惠政策支持。

客户以此为借口，不愿意卖你的产品。策略与方法：

“您认为我们的政策优惠到什么程度，我们才有可能合作呢?”

“您要这么优惠的政策，我没有办法答复您，这样吧，我请示公司领导后再来拜访您，行吗?您也好好考虑一下!”

注解：既然客户做厂家的产品暂时没有需求，短期内厂家再怎么努力效果也不好。因此，针对客户的这种借口，厂家既不要过多地解释，又不要把话说死，继续与这种客户保持联系与接触，说不定以后有机会合作。

（3）客户有与厂家合作的需求，可能是想向厂家要更多的政策。

“您能不能讲具体一点，您认为公司哪些政策不灵活?”

“您认为我们的××政策可能会造成什么样的不利影响呢?”

“确实××政策可能会给您带来很多麻烦，短期内不利于您的经营，但您有没有考虑过××政策也能带来好处吗?”

策略与方法：

“您想过没有，其他厂家为什么会给您那么多且具有吸引力的政策?理由只有一个，这个厂家实力不强大，对自己及产品缺乏信心，只能靠这种低级的原始的方式来吸引你们。这种厂家除了带给您表面上的支持，还给您带来了什么?

“您想过没有，为什么我们的政策不宽松，反而很多经销商和用户忠诚于我们公司和我们的产品?因为我们给他们带来很多价值，结合案例说明公司给客户带来很多新的价值。”

“您是要 1000 元还是要一份每月能给您带来 1000 元的工作呢?”

“我们给您提供××政策达到何种程度，才有可能与我们合作呢?”

注解：通过开放式的提问形式，了解客户需要何种政策，了解客户对这种政策的顾虑是什么，同时引导客户从要政策的误区中走出来，变要政策为要发展，最终使客户明白要发展就要与像你们这样的厂家合作。

（4）独家代理权。

“我要做你们公司产品的独家代理商。”

分析：客户之所以向厂家要求独家经销或者总代理，原因可能是：客户的观念比较落后，认为只有做厂家的独家经销或者总代理才有面子；担心市场做起来后，厂家不断开发新客户，自己的利益得不到保障；担心厂家开发多家客户后，相互冲突，市场难以控制。

策略与方法：

“独家经销或者总代理我们的产品也可以，但您要告诉我假如我们公司让您独家经销或者总代理，每月能保证多少销量？总不能让我们吃不饱饭。”

“您能不能告诉我，您为什么要独家经销或者总代理呢？您担心什么呢?”

“您担心市场权益得不到保障、市场难以控制是可以理解的，也是很现实的问题。实际上独家经销或者总代理也不见得厂家能100%保障您的权益，厂家通过分品牌、分品种在同一市场上开发多家客户，同时加强市场的规范与控制，对于您肯定利大于弊。”此点不建议主动提出。

注解：当客户提出独家经销或者总代理的要求时，不要将话说死，要留有余地，如果客户独家经销能保证厂家每月有比较大的销量时，可以考虑独家经销，毕竟销售的目的是产品销量和市场份额。如果对方不能保证，就要告诉对方特约经营也是很好的经营方式，厂家有很多政策和措施来消除客户的顾虑，直至接受厂家的做法。

（5）市场不景气。

“现在市场不景气，生意不好做，你们还是过一段时间来谈吧?”

分析：客户异议市场不景气主要有三种可能：一是市场确实不景气，生意难做，客户认为增加新的厂家也不会有起色；二是客户还有顾虑，对公司没有信心，是一个借口；三是客户没有需求。

客户认为市场不景气，不是引进厂家的最好时机。策略与方法：

“您的意思是旺季的时候可以经销我们的产品，对吗？既然您有诚意经销我们的产品，我认为市场不景气是经销我们产品的最佳时期。”从引进我们的产品可以使淡季不淡、产品的成功销售市场准备很重要、竞争对手忽视是新品进入最佳时机等方面，结合案例说明。

注解：针对这种客户，最主要的是引导他的观念与思想，观念转变成功了，那么开发也就成功了。

（6）客户还有顾虑，以市场不景气为借口，持观望态度。

“您是生意专家，应该明白：凡是生意做得好的人，他一定是个很果断且精明的人。他们不会只顾眼前，更主要的是他们知道未来，知道未来什么产品好卖。我们公司无论从理念、产品还是营销方式，都是行业的领头羊。您能不能告诉我，您还有什么顾虑?”结合案例，全方位地介绍公司及公司产品和营销方式，树立客户信心。

注解：这种客户比较犹豫，说话反复无常，针对这部分客户要采取恩威并用的策略，要告诉他未来的趋势和目前存在的危机，同时也要告诉他厂家是唯一的救星。

(7) 客户没有需求，只是以市场不景气为借口来拒绝你。

“没有关系，今天您不拿货，也许明天会要我的产品。我们生意做不成，可以做朋友吧。您说是吗？这是我的名片，您需要我时可以打电话，我也会经常来拜访您。”

注解：这种客户很主观，除非真正有需求，否则很难打动他。这部分客户，厂家与他保持联系，也许以后有业务往来。

(8) 要铺货。

“我的资金很难周转过来，你们应该支援我，给我铺点货。”

分析：可能客户真的缺乏资金，需要厂家资金周转；可能是客户有钱，但想通过铺货资金控制厂家；还有可能是没有诚意与厂家合作，纯粹是一个借口。

客户资信调查后，没钱且信誉很差，完全可以拒绝。

“对不起，我们厂家是现款现货，执行的是零账款，在这一点上，公司任何人都没有权力。我实在是爱莫能助。”

有钱的客户，想控制厂家要铺货，尽量说明现款现货，确实没有办法，可以适当铺货。

“确实没有办法，现款现货是公司的规矩，没有谁敢做主。您能告诉我现款现货会给您带来什么麻烦吗？我回去请示公司吧，不过，据我所知，如果我们铺货给您，可能要办理手续。”

（9）缺乏资金。

“我现在资金有限，不想再考虑其他厂家了。”

分析：有可能确实是没有钱；有可能有钱，但只是一个借口；还有可能有钱，想要厂家垫付，以此来控制厂家。

策略与方法：

确实没有钱者，圆滑收场。“××老板，您没有钱，真是开玩笑。”

还有顾虑，有钱称没钱，应继续探询需求。

（10）厂家关系。

“我与现有厂家感情很好，暂时不考虑与其他厂家合作。”

分析：客户因为周边客源及自身原因，或者厂家产品的问题导致经营失败。在重新启动市场时，客户对公司缺乏信心。

策略与方法：

向客户分析和解释当时失败的原因，同时向客户说明公司现在的政策、产品的做工及疗效与过去相比大不一样了，重新树立客户的信心，激发他的经营欲望。

（11）厂家约束。

“我与现有厂家签了合同，等合同到期了再说吧。”

分析：可能确实跟其他厂家签订了合同，年终有一些政策要兑现，要完成销量任务，不敢轻易接受新的品牌，担心影响现有厂家的销售提成；也可能是一个借口。

策略与方法：

确实签订了目标合同的处理方式：一是等到合同到期再说，但要保持联络；二是以算账的方式说服客户，其实签了其他厂家产品销售合同，同时销售我们的产品也不会吃亏，甚至赚得更多。

没有签订合同，只是借口：搞清主要顾虑是什么，对症下药。

实际上，以上异议不一定是客户的真实异议，可能是客户委婉拒绝的方式。客户产生异议的主要原因有：客户想和厂家讨价还价，还想向厂家争取更优惠的政策；客户对厂家及厂家产品不了解，缺乏信心；客户心中还有顾虑；客户没有增加经营厂家或品牌的需求。因此，面对客户的异议不要轻易下结论，首先要分析和判断客户异议的真假及产生的原因，然后对诊下药。

三、客户的维护

1. 客户档案的建立

随着社会经济的迅猛发展，市场竞争越来越激烈，企业对于客户的管理越发讲究，从而建立了客户档案。客户档案的原始材料是客户档案的基础内容，是企业发展的重要基础，也是销售人员管理客户的重要工具。

（1）客户档案管理注意的四个方面：

1）客户基础资料。主要包括客户的名称、地址、电话、个人嗜好、家庭、学历、年龄、开店时间、与本公司交易时间等方面。

2）客户特征。用药习惯、销售能力、发展潜力、经营观念、经营方针与政策、经营管理特点等。

3）业务状况。主要包括目前及以往的本公司产品的销售业绩、进店药品的种类，与其他竞争厂家的关系，与本公司的业务联系及合作态度等。

4）交易活动现状。主要包括客户的动销状况、存在的问题、保持的优势、未来的对策；商家信誉与形象、信用状况、交易条件、以往出现的信用问题等。

（2）客户等级分类。

将现有的客户划分 A、B、C 三类：

A 类客户占业绩回款的 50%。

B 类客户占业绩回款的 35%。

C 类客户占业绩回款的 15%。

把工作重心放在 A 类和 C 类的客户身上。

2. 拜访后续跟进工作

后续跟进工作：

（1）跟进的必要性。

1）一次性谈成客户的概率不高。

2）80% 的客户是在跟进中实现的。

3）跟进的方法和技巧得当可以大大提高业绩。

4）跟进是提高销售能力的重要方法。

（2）跟进的中心思想。

1）以建立关系和好感为中心。

2）以解决客户疑虑为中心。

3）以快速成交为中心。

（3）客户跟进的类型。

1）服务性跟进（已经做成生意的跟进）。

因为要开发客户，争取拿到订单，必须通过跟进使潜在客户转变成客户。一个终端业务员已经开发了一定数量的客户后，往往会忽略一个问题，就是对已开发客户的跟进。有些业务员有一个错误的认识，认为已开发的客户已经和自己在做生意了，并不需要跟进，就是要跟进也是售后的事情，和自己的关系不大，或者认为客户再订货时再跟进也不迟。事实上，由于业务员对已开发的客户跟进不及时，会影响客户的忠诚度，在激烈的竞争中出现不断地开发客户、不断地失去客户的危险情况。

2）转变性跟进。

客户对产品比较感兴趣，也需要这种产品，只是对价格有不同意见。针对这种客户的跟进，最好是收集同类产品的价格情况，从自己的产品成本出发给客户算账，实现对产品价格的认可，为了达成协议可在原报价的基础上下降。

客户对产品很感兴趣，也想购买产品，但因资金问题无法购买，对这类客户应做好协调，共同制定一个时间表，让他把购买产品费用做进预算。当然这类客户不会直接说自己没钱，要学会自己判断。有许多销售员不会跟进这类客户，想起跟进时，客户已经购买了其他厂家的产品，所以销售员可以先收少量的预付款。

客户对产品还没有很深的了解，态度模糊，可买可不买。对这类客户要尽量把自己的产品说得浅显易懂，要把产品给客户带来的好处数量化，激起客户的购买欲。客户最关心产品会给他的诊所带来什么样的实惠。

3）长远性跟进。

客户根本就不想购买产品或者已经购买了同类产品。这类客户不会由于我们积极地跟进就会要产品或者合作。是不是放弃这类客户？实践证明，往往这类客户会出现大买家，但跟得太紧反而引起反感。最好的做法是和他真心实意地做朋友。周末一个温情的短信，逢年过节祝福拜访，一个小小的生日礼物，只要坚持不懈，这类客户迟早会被拿下。

长远性跟进的方式注意事项：

1）要跟紧但是不要让客户感到烦。一个星期打 2 次电话，混个耳熟；两三个星期拜访一次，混个眼熟。

2）了解客户的情况。生日是什么时候？有没有结婚？有没有孩子？孩子多大了？他在诊所中的地位怎么样？

3）钱的问题。做生意都是为了赚钱，让出利润空间，达到共赢是做生意的最起码的条件。

4）和他交朋友。谈不了这次生意，也不要忘了继续和医生保持联系，但绝不提生意上的事情，就当朋友聊天。做生意有时候也讲感情，或许客户和另一家公司合作得不愉快，这个时候想找其他合作伙伴的时候，他第一个想到的就是你。

（4）跟进的技巧。

1）有兴趣购买的客户。对此类客户应加速处理，积极地电话跟进、沟通，取得客户的信任后，尽快将客户过渡到下一阶段。

2）考虑、犹豫的客户。对待此类客户此阶段的目的就是沟通、联络，不要过多地营销产品。我们要使用不同的策略，千万不要电话接通后立即向客户营销产品，而是要与客户沟通，了解客户的需求、兴趣，拉近与客户的距离。通过几次电话沟通，将客户区分为有兴趣购买、近期不买、肯定不买，从而区别对待。

3）近期不买的客户。我们要以建立良好关系为目标，千万不要放弃此类客户。要与客户沟通，记录客户预计购买此类产品的时间等信息，同时要与客户保持联络渠道畅通，使客户允许将一些产品的功能介绍等宣传资料邮寄给客户或电话通知客户，同时在客户需要的时候可以与公司或本人联系。

4）肯定不买的客户。此类客户一般态度比较强硬，在沟通中一定要突破客户的心理防线，然后了解客户不购买的原因，根据客户的情况制定相应的营销对策。

（5）让每笔生意有个漂亮的收尾。

所有的工作做完了，与客户的合作告一段落，是不是就是终结了呢？也许这是大部分业务员处理的方式，但事实证明这是一个巨大的错误。这次结束的时候正是创造下一次机会的最好时机。千万别忘了送给客户一些合适的小礼品，如果生意效益确实不错，最好还能给客户一点意外的实惠。让每笔生意有个漂亮的收尾，创造的效益不亚于重新开发一个新的客户。

如果前面的工作尚欠火候，还不能从合作关系提升到朋友关系，这个时候这样做就能很好地实现目标。如果前面的合作不如意，这更是一个很好的补救方案。因为大多数人都认为既然合作完了，我们与客户的关系自然就结束了，所以对这种不求回报的跟进表示感谢，他们马上就会把你从合作关系提升到朋友关系，为再次成交创造机会。

四、有效客户的培育与开发

1. 有效客户的培育

一个做基层诊所控销的企业，对于市场的培育是非常重要的事情，其中对客户的培育是重中之重，尤其是对有效客户的培育。在一个市场上，并不是所有的客户都能够培育和开发出来，所以在战略战术的选择上要尽量选择优质的客户去培育。所谓的优质客户就是认可业务员，愿意跟业务员合作的医生。

（1）什么是有效客户？

说到有效客户，主要从这个“效”上考虑，简单地讲，有效客户就是能给企业带来直接或者间接利益的人。

现在做基层诊所的厂家涌入太多，在相互竞争的时候就会不择手段，尤其是小厂家以利润为导向，让很多基层医生养成不好的习惯，导致客户问题越来越多、越来越难以合作。例如有的医生总是爱比产品价格，总是抱怨给的政策太少，不愿意合作。这些医生从来不看服务，只是一味地压价，只要厂家的利润减少，服务肯定不能满足医生的需求，进而导致难以合作。

所以，有必要区分出哪些是有效客户，哪些是无效客户，做业务时就要有所取舍，放弃无效客户，把客情做到有效客户的身上，跟有效客户展开深层次合作，集中优势资源一举突破。

在市场中真正能给企业带来利益的客户屈指可数，有效客户一定要维护好，因为有效客户是每个月回款的主力人群；无效客户的回款可以忽略不计，所以有必要对有效客户进行精细化管理。在现实生活中，一个有效客户带给业务员的收入是无效客户的 10 倍以上，要想快速上量就必须有一定数量的有效客户，当然有效客户的开发和维护工作是重中之重，在做市场之前一定要区分好有效客户，做好分类以便管理。

（2）你掌握了多少有效客户？

假如一个客户一年进货 2 万元，按 12 个月计算，一个月进货 1666.7 元，10 个品种平均按供货价 20 元算，一个品种一个月还不到 10 盒。一个客户一个品种一个月卖 10 盒，这个要求并不高。再结合自己的市场，算一算可以赚多少钱？

只要手里面有 20 个有效客户，一年也能赚不少钱，而且时间自由，可以尽情在市场中玩出花样，实现自我价值。

（3）怎么打造有效客户？

客情是培育有效客户的基础，客情的好坏决定有效客户的质量。有效客户是市场发展的基石，是完成销售任务的根本，为什么员工在“战役”期间总感到很疲惫，就是因为缺乏有效客户。不经过维护的客户根本不上量，没有客情的客户是死客户，只有持续性做好客户的开发、巩固和维护，才能使有效客户成为我们永远的资源。现在如果还在卖产品，必将失去客户，失去客户就是失去市场，要避免这种情况发生，该如何做呢？

1）在客情的基础上还要做好服务。新形势下，随着信息获取渠道的增多，沟通效率有了大幅提升，客户的需求也在变化，他们不仅要满足厂家提供的产品，还要提供产品外延的知识点、联合用药及销售技巧，更重要的是合作方案及增值服务。

2）通过小型圆桌会开发客户。小型圆桌会简单、方便和易操作，开发客户的效率又高，是很多人在用的方法。通过圆桌会能快速开发客户和熟悉客户，也能加深客情关系，在基层诊所开圆桌会多多益善，能助力销售。

3）以异地学术、漂流、拓展等多元化活动增进客情。

4）以动销协助维护客情。10～15 家诊所配备一个终端经理，对诊所进行包装及户外宣传，定期开展消费者动销活动，以空盒换购、仪器检测、患者教育等形式为主，提升客户销售的信心，促进产品销售，提高消费者的认知度。

5）利用 VIP 客户微信群。利用好微信群，做到及时与客户交流互动，帮助客户及时解答患者的疑难问题和用药问题。

2. 有效客户的高效开发

（1）有效客户的划分。

1）区分有效客户和无效客户，树立大客户意识。随着医药环境的不断深入，人们的思维方式也在不断地进步和更新，尤其在基层诊所的开发方面，就要有大思维和发散性，不能沿用以前的惯性思维来做事，要树立大客户意识，精准化经营有效客户。

首先，将客户分为直接客户和间接客户。直接客户又分为上游客户（厂家）和下游客户（基层诊所）；间接客户分为上级领导（县总、地总、省总、事业部老总）和下属。

其次，要分析清楚哪些是有效客户。对业务有帮助，这些人需要不断地去开发和维护，让他们变成有效客户。在市场中，为什么有的人能够从上级要到政策，而有些人却要不到政策，根本原因就是是否有大客户意识、是否有意识地经营与客户的关系，我们的客户不仅局限于基层诊所医生，还包括企业领导，也需要维护好关系，只有维护好关系才能做好市场。

2）有效客户中新老客户的区分。有效客户中新老客户要区别对待，如果新客户是业务员收入来源的金子，老客户就是收入来源的金矿，需要不断地去挖掘老客户需求，老客户才是开发的重点。不要总是觉得客户开发了就没必要再去挖掘需求，大单就是再次挖掘老客户需求才成交的，不要轻视客户再次开发的重要性。不管是新客户还是老客户，开发时要运用相应的战略战术，才能掌控好终端。

（2）基层诊所有效客户的开发。

1）新客户的开发。

礼品的选择：重点使用客情礼品，提高拜访率。切忌送水果、烟、酒之类的礼品，太普通没新意。最好送省公司统一采购的礼品，这样跟其他厂家业务员的不一样，有心意才能获得客户的好感。给医生送的随手礼最好是企业定制的礼品，带有企业的Logo才会有意义。

针对基层医生必须拿出时间、感情和礼品，培育有效的客情，充分利用好客情礼品开发新客户，利用好节日、客户的生日等关键点拜访客户。

2）圆桌会和学术会是开发新客户的有效手段。学术会是业务员最头痛的事，虽然各个企业都在开各种名义的学术会或圆桌会，但是开会效果怎么样？这是需要深刻反思的一件事，不要做无用功。其实开学术会最难的事就是邀约客户，很难把医生邀请到现场参会，虽然有的医生口头答应参会，但是开会当天来不来很难说，一般不来的概率会超过60%。究其原因，现在的学术会变了味道，学术会就是变相的订货会，医生心知肚明，导致参会率很低，学术会很难在基层诊所开展。

怎么才能把学术会的作用发挥出来呢？

开学术会其实就是让医生了解和熟悉产品，进而通过高频次的会议改变医生的处方习惯。

对于新客户，怎么才能利用好圆桌会或学术会开发客户呢？

第一，自己邀请到场。现在自己邀请医生参会的情况很少见，而且很难邀请到医生参会。

第二，通过老客户的介绍和引荐参会。这种成功率最高，最好是选用圆桌会的形式，人数最好不要超过 5 人，这样才能有充足的时间跟新老客户交流。交流的内容也很关键，可以简单交流产品，只要新客户愿意讲，就可以多讲一些，具体根据实际情况而定。开会时老客户用药经验的分享才是关键，基于同行的认知，才会愿意听老客户分享，听了也会有触动，才能慢慢地试用产品。

基层诊所学术会要慎重开展，不要模仿其他厂家的开会模式，一定是基于对产品和业务员的了解，才能组织学术会或圆桌会。开学术会就要有自己企业的特色，一定要让参会的医生学到东西，只要医生来参会就能给诊所带来收益，学术会的优势才能凸显出来，跟单就是水到渠成的事。

对于新客户的开发尽量使用圆桌会的形式，尽量选择客户感兴趣的场合进行，不要一开会就在饭桌上，可以在茶馆，开会效果很好。用圆桌会方便、简单、易操作，随时随地都可以开会，不拘泥于形式，只需要老客户带新客户参会就可以。

3）充分利用微信。微信是一个必备的社交工具，也可展开很多营销服务工作。基层医生都有微信，我们可以利用微信做很多事情，最简单的就是发朋友圈链接，发的链接最好是公司产品和营销服务的软文，只要软文够新颖，就会吸引客户，也包括消费者，这也是开发新客户最省事的手段，只需要动动手指就有机会开发新客户。

（3）老客户的开发。

围绕客户对技术、仪器、产品和理念的需求，诊所转型升级。对于老客户的开发，事业部利用好全年峰会；省公司利用好学术培训会、仪器培训会和客户转型会；地级公司利用好订货会和学术交流会；业务员利用好圆桌会和产品交流会。重点推荐实施村医转型，提高诊疗水平和营销水平，实施仪器援建工作，帮助客户赚更多的钱，实现诊所转型升级，客情实现质的飞跃。

（4）利用专家义诊做动销。

以省公司为单位组织好前期学过针法、技术的大夫，形成10人的专家团，在本区域开展义诊促销活动。形成输出技术到返聘的模式，利用好义诊活动不仅可以开发新客户，还能巩固和培育老客户。

（5）聚焦消费者。

1）大力开展消费者健康讲座。

2）各级公司办事处最好有售后回访人员。

3）加大宣传资料的使用力度，尤其是给在诊所打针输液的人群，让他们多阅读宣传资料，增强宣传力度，从而实现小投资大回报。

4）加大试服、试贴和试灸活动。

5）围绕产品设计好配送的礼品，例如高血压产品送血压计、风湿骨病送贴膏，以及产品的系列组合销售。

聚焦消费者的目的是为了拉动消费，让进货的医生能够迅速销售，让合作的医生感觉厂家的产品其实很好卖，只是缺乏一定的技巧，只要医生用出感觉，就能展开更加广泛的合作。很多业务员以为把产品导入诊所，然后开个学术会，医生就会卖产品，但是最终结果还是卖不动或不会卖。由于一开始客户就觉得产品不好卖，一直拒绝卖产品，导致越拖越卖不动，甚至有退货的危险。要避免这种情况的发生，最好的方法就是让客户少进一点货，快速销售出去。

五、基层诊所开发四部曲

要想做好市场就要有一定数量的客户，开发客户是每个业务员必须做的事，客户数量也是考核业务好坏的标准，也是决定收入的关键因素。每个人对新客户的开发方式都不尽相同，没有统一的标准，但是有关开发客户好的经验是可以借鉴的，好的方法是可以为销售服务的。仔细观察身边做药的同行，不难发现在一个企业销售同样的产品，有些人就能够迅速开发客户，而有些人做市场半年连 20 个客户都没有。之所以出现这样的情况，就是因为每个人开发客户的方法不一样，方法得当能够事半功倍。如果方法不对，付出再多的努力也没用，甚至有时候会怀疑自己的能力，导致负能量满满。例如业务做得差的同事就会说做得好的人跟上面领导有特殊关系，某个市场好做或客户优质，从来不从自身找原因。

其实市场没有好坏之分，关键是开发客户的方法，只要方法得当就能跟客户好好相处，特别是刚做市场的新人，假如没有老业务员带教是很难把市场做起来的。当然每个人都有自己的优势，没有谁天生会做销售，一个好的销售善于学习别人的经验，前期可能是在模仿，但是随着时间的积淀，总会找到自己的做事风格，让自己变得越来越优秀。

怎么去开发新客户呢?

其实开发客户只需要四步，就是“望闻问切”，通过这四个步骤就能快速开发客户。业务员平时拜访客户，就是给医生“看病”，只有通过“望闻问切”才能准确诊断病情，才能对症下药。

通过这四个步骤，我们就能掌握客户的基本信息，挖掘客户的潜在需求，从而制定相应的合作法案，实现客户、患者和企业的三赢。

下面具体阐述开发客户的四部曲：

1. 望

望诊在中医里应用非常广泛，通过望诊可以初步判断一个患者的病症。如果是一个经验丰富的老中医，一眼就能看出该患者的病症。做业务也是同样的道理，要练就一双火眼金睛，善于捕捉医生的信息，为合作打好基础。在运用望诊的时候，在客户那里尽量少说话，只需要静静观察就可以，要善于察言观色，搜集有效信息。

（1）观察诊所门头。

进去拜访前先看一看诊所的牌匾，从上面能够获取有效信息，例如该医生是看内科还是外科，善长中医还是西医，有时候牌匾上面还能看到客户的姓名、电话和擅长治疗的疾病。搜集这些信息是为了跟客户有话说，根据初步的了解可以谈产品、合作项目，甚至可以谈人生。一旦能准确切入，就能够引起客户的注意，从而避免尬聊。

（2）望诊所布局。

进诊所拜访的时候，就要留心观察诊所的布局，看医生货架上卖的产品价位是多少、诊所规模有多大、诊所是否有硬件诊疗设施及诊所墙面张贴的宣传资料，这些都需要用心去观察，搜集有效信息。

（3）望诊所人员组成和生意好坏。

进入诊所要看一看由哪些工作人员组成、哪个是诊所的老板、诊所的客流量怎么样、诊所的患者是哪些人群，还有医生年龄和穿着打扮都要弄清楚，后期开发客户会用到。

2. 闻

闻诊，包括听声音和嗅气味两个方面。主要是听患者说话气息的高低、强弱、清浊、缓急等，以分辨病情的虚实寒热。以上是中医里面对闻诊的说法，在拜访客户时该如何应用闻诊呢？

（1）听医患之间的交流。

听医生跟患者之间的交流是很有必要，从他们的交流中可以发现医生的影响力和沟通技巧处于什么水平。现在很多医生在“医”方面很在行，但是在“术”方面缺乏技巧，不会给患者推荐产品，导致看病效率很低，该赚的钱都赚不到，用一句话概括“不会赚钱的医生不是好医生”。

（2）听医生的抱怨。

在平时拜访客户的时候，会遇到很多抱怨的客户，这时要仔细听他们抱怨，从抱怨里面会找到很多有价值的信息。例如客户抱怨诊所生意不好，抱怨产品卖不动，抱怨工作累，经常没时间，也没有好的学习平台等。假如医生有这些抱怨，证明谈单的机会来了，只要帮助他们解决这些问题，这个客户就 100% 拿下了。

（3）听同行对彼此的评价。

从其他医生那里可以挖掘很多有用的情报，尤其是某个医生的处事风格、习惯和爱好，这些是非常有用的信息，有助于开发客户。同行之间的评价一般都是客观公正的，能分清哪些客户是优质客户，该用什么方式来开发某个客户，医生同行都能提供指导性的建议。

3. 问

问诊，是通过询问患者或陪诊者，了解病情，有关疾病发生的时间、原因、经过、既往病史、患者的病痛所在，以及生活习惯、饮食爱好等与疾病有关的情况，均要通过问诊才能了解，故问诊是了解病情和病史的重要方法之一，在四诊中占有重要位置。真正的中医只问大小二便（性状、次数等），不会问什么病。

所以，问诊在开发客户的过程中特别重要，做好销售就要敢于说，还要会说话，尤其是跟客户的交流也是有技巧的，拜访时所说的话一定要经过思考，不能想到什么就说什么。问诊该如何在开发客户过程中应用呢？

（1）多跟客户交流开放性问题。

跟客户熟悉了以后，多跟客户交流开放性的问题，尽量不要交流封闭式的问题，尤其是问一些非让客户回答的问题，或者对与错的问题，这是愚蠢的行为。交流开放性的问题可以让彼此轻松，不会在交流过程中感到压抑，这样客户也愿意聊天，聊天也要注意分寸，不同的场合要说不同的话，尽量显示对客户的礼貌与尊重。

（2）少交流产品，多交流经营思路。

尽量不要跟客户说专业知识或产品知识，他们会非常反感。换种交流方式，如反问医生有关产品专业性的知识，业务员多向医生请教，从而掌握谈话节奏。

要多交流诊所经营思路，特别是有关诊所转型的思路，让医生对聊的话题感兴趣，假如达成一致就可以建立合作关系。

（3）交流本地市场上的典型案例。

本地市场上的案例最有说服力，因为客户很熟悉当地的情况，交流其他客户治疗疑难杂症的案例，能够触发该客户的好奇心。例如本来是水平差不多的医生，通过跟我们合作治好了某患者的疑难杂症，从此某医生的诊所生意有了很大的改善，某医生也实现了名利双收。通过实实在在的本地案例，触动客户的痛点，抓住客户的好奇心，从而实现合作共赢。

4. 切

中医里面的切就是判断病症，进行下方治病。应用到销售中就是切医生的“病症”，具体如下：

（1）切产品（小单）。

判断医生接受单子的程度，一般新开发的客户都愿意尝试小单，接受大单的概率很低。不管大单还是小单，只要能切准都是可以“治病”的。

（2）切诊疗器械、技术。

判断客户是否缺乏医疗器械和诊疗技术，如果有这个需求，业务员就要抓紧时间拿下客户，以免其他厂家抢占先机。

（3）切经营思路（诊所连锁化）。

判断客户的营销思路是否开阔、客户是否是效客户、平时是否值得维护，一旦确定是有效客户，如果客户缺乏经营理念，业务员可以用诊所连锁化趋势去引导，帮助客户走出经营的困境，通过深度合作在当地建立样板诊所，打造特色慢病专科，造福一方百姓，从而实现名利双收。

六、这样才能做出“真客情”

客情就是请医生吃饭、请医生玩乐、给医生送礼，或者满足医生的其他要求？每个人做客情的方式和方法都不一样，开发出来的客户也是各有特色。与基层医生做客情是一门很深的学问，怎样才能做出“真客情”，也是业务员最烦恼的事，明明感觉跟客户关系很好，但就是不上量。之所以出现这种情况，就是因为时代变了，医疗环境也变了，做客情的方法也有了新的变化。

1. 基层医生身份解读

随着时代的变化，基层医疗体系也变了，随着国家三级医疗体系的建立和健全，基层医生的身份已经发生了变化，他们的工作职责也有所不同，新时代的基层医生既是一名优秀的全科医生，也是一名出色的个体诊所老板。

（1）如何看待基层全科医生身份。

作为一名基层全科医生，诊疗技术必须过硬，受基层诊所的环境所迫，要求从事基层医疗事业的医生必须要全科，在基层什么病都能看。例如基层诊所周边人群只要身体不舒服，首先来找的人就是诊所医生，诊所离老百姓家近又方便就诊，特别是农村地区，老百姓首选的地方肯定是村卫生室。来基层诊所就诊的患者都是一些常见病，基层医生必须具备常见疾病的诊疗技术，能够给老百姓提供医疗服务。

不要将基层医生跟等级医院的医生比较，没有可比性。假如让医院的医生到基层看病，很多医生会无所适从。这跟在医院里面看病的习惯有关，在医院里，医生突出的是专业性，每个医生的主攻方向不一样，况且还有诊断疾病的医疗设备来辅助。而基层医生恰好相反，他们虽然全面，但是看病的专业性不强，导致很多基层医生只能看一些常见的疾病，遇到比较复杂的疾病就无所适从。

这就是基层医生目前最尴尬的地方，由于自己的全面性，很难在治疗水平上有所突破。基层医生只看一些常见病（头疼脑热），大部分或全部的收入来源是打针输液，诊所里面的药品基本上是基药或普药，国家还实行药品零差价销售，导致基层医生卖药根本赚不到钱。收入是很多基层医生最大的痛点，尤其是打针输液的医生，输液收费一般在 20 元左右，风险大收入又低。

很多收入低的基层医生甚至怀疑自己的职业、诊疗水平和人生，本来医生是一个很受尊重的职业，尤其是基层诊所的医生，他们服务于广大基层人民群众，是人民群众身体健康的守护者，干着最累的活，但得到的回报却最少。这与现在的医患矛盾有很大的关系，随着人们生活水平的不断提高，人们对基层诊所的服务期待太高，导致有些患者以等级医疗的水平衡量基层诊所，造成一些不必要的麻烦。

基层医生非常不容易，既要诊疗水平全面，又要在竞争如此激烈的环境中养家糊口，恰当地处理好医患纠纷，每天起早贪黑，他们的生活真是不容易。

（2）如何看待诊所老板的身份。

基层医生的第二个身份就是诊所或村卫生院的老板，假如把诊所看作是一家企业，医生就是这家企业的老板。企业以盈利为目的，诊所也一样，如何经营好诊所是重中之重。但是在现实生活中，很多医生的经营水平普遍偏低，大部分基层诊所生意十分惨淡，生意好的诊所只有几家。

究其原因，这跟诊所老板的经营思路有密切关系，从事基层医疗的医生 80% 都年龄偏大、思想比较保守，很多医生还在沿用以前的经营思路，让患者主动来诊所看病，导致生意越做越差。例如一个从医 40 年的老医生，在当地有着不错的口碑，平时来诊所看病的都是老病号。但近几年生意明显惨淡了，老病号都不知去哪里了，老医生心里很不是滋味。为什么会出现这种情况？要深刻反思以下三个问题：

1）诊所收入的主要来源？

2）是否经常参加一些有意义的社交活动？

3）是否跟厂家深度合作，帮诊所做宣传，提升诊所的影响力？

老医生给的答案是：诊所的主要收入是打针输液和国家补贴，平时感觉自己挺忙，不爱参加各种活动，觉得自己年龄大，从医经验比较丰富，就没必要浪费时间去参加活动。

在这个案例中，老医生虽然从医时间久、经验丰富，但是他忽略了诊所宣传，诊所宣传非常重要，要让诊所走出去，就必须想办法宣传个人品牌。老百姓去基层诊所看病肯定是冲着医生的名气，要重视医生个人品牌的宣传。如果宣传没做好，即使医生医术高明，也很难让诊所走出去，不要被传统的思维模式固化，主动出击才是唯一出路，否则很难适应现在信息化爆炸的时代。

以上是对基层诊所医生的身份进行了全面剖析，目的是为了业务员在一线市场上做好诊所宣传工作，进而做好客情。只要弄懂医生的现状和需求，在市场中就会是一股不可抵挡的潮流，很多医生都会愿意合作，提升自己诊所的价值，业务员也能真正的掌控终端。

（3）在客户面前千万别把自己当老板。

很多做控销的企业，基本都采取区域大包制的模式，一个人管理一个省、一个市、一个县或一个镇，在各自的区域都是老板，很多事都是一个人说了算，所以很多人感觉自己就是一个做药的老板，掌管着一区一县。如果业务员有这种思想，是做不好市场的。在客户面前千万别把自己当老板，要正确定位自己的位置，不要赚点小钱就开始浮躁。对于基层诊所而言，该用何种身份跟医生打交道？怎么做才能深得医生的信赖？

业务员在医生面前只是打工的，什么事情都做不了主，千万不要向医生许诺自己做不到的事情，尤其是跟利益相关的事情，给客户的政策一定要慎重许诺。要避免这种事情的发生，最好的办法就是称自己做不了主，这些政策得向领导或公司申请，哪怕是自己掏腰包给的政策，也要说是公司特批的。可能很多人感觉很虚伪，其实不然，尤其是以公司领导名义送的礼品，更能让客户感激。

业务员只要放下自己的身份，调整好心态，不要把自己当作一个做药老板，那么在平时的工作中就会有很大的选择权，而且能给客户留下深刻的印象，客户会有什么好处都想着他。假如以业务员自己的名义去做客情，医生觉得是应该的，给的东西还不够多，因为医生觉得业务员赚了他们的钱，送东西是理所当然的事情。这就要看业务员的情商了，如何表达自己的诚意是一个技术活，做业务的战友在市场中一定要做情商高的人，一切以客户的需求为准则。

2. 当下基层诊所如何做好客情

（1）帮助客户转型。

由于现在基层诊所医生的身份发生了变化，基层医生的全面性导致所有的基层诊所趋同化，每个基层医生的用药习惯和水平都很相似，很难在某一个方面有所突破，缺乏竞争力。这种全面性忽略了基层医生的生存问题，一个基层医生一旦生存出现了问题，他们就没有充足的资金跟厂家合作，从而导致客户难以开发，就算开发了也存在资金风险，业务员的资金压力会越来越大，最后导致员工和客户流失。

按照上面的逻辑分析，业务员很有必要帮助自己的客户转型，这不只是嘴上说说而已，要实实在在地做到。帮助医生改变现状，突破自我认知，不再让基层医生的全面性限制诊所的发展，这也是以后基层诊所发展的趋势。因为医生的专业、专注，所以他的诊所跟别人的不一样，能解决别人解决不了的问题。

例如感冒是常见的疾病，为什么别的诊所排队看病，甚至是预约，而有的诊所患者却寥寥无几。根本原因就是别人专业，三天左右就能让患者好起来，而有的医生给患者在治疗普通感冒时一周都不见好转，所以患者都愿意去见效快的诊所。

在市场中不难发现生意好的诊所都有一个非常突出的特点，诊所特点相当突出。例如儿科、妇科、心脑血管疾病和技术派的诊所，生意相当火爆，在治疗某疾病方面就是专家，基层群众非常欢迎。

在市场中，80%的基层医生缺乏专科性，他们的需求点就是转型升级，所以业务员走访市场的思路要改变，打破常规思维、惯性思维和经验论，要从卖药上升到做药，进而卖治病方案、方法和理念。不要在拜访客户的时候总是产品不离口，说自己的产品有多好，其实这是客户非常反感的事。试想难道别人的产品不好吗？很显然这是在卖药，一切都是以产品为中心、以利润为导向，卖药的人很难把市场做起来。

假如医生购买了产品，不要开心得太早，医生很可能只是在应付业务员，同情业务员走访市场辛苦，碍于面子只能少拿点货，但这些医生不会主动销售，只要业务员去拜访客户，他们就会以产品很难卖、患者嫌价格高等理由拒绝业务员，甚至有的医生一年连一个疗程都卖不出去。其实，问题出在业务员身上，假如没有意识到这一点，在基层诊所很难上量。

基层诊所转型是必然趋势，要想真正卖好产品、做好客情，业务员就要帮客户由全科转型为专科，弱化产品，以服务为导向做好产品的配套衔接工作。

（2）帮客户改变诊所经营思路。

目前很多基层医生最缺乏的就是诊所的经营思路，简单来说就是如何给诊所引流。具体如下：

1）组织客户出去游玩，最好是熟悉的同行一起游玩，5 ~ 8 人最佳，抓住机会开好旅游学术会和诊所转型会。

2）选好黄金爆品，实行独家操作，帮助医生转型，实现名利双收。

3）做好动销活动，最好采取专家义诊模式。

4）尽可能多渠道包装、宣传合作诊所的医生。

5）分享一些治疗疑难杂症的处方，分享的处方必须具有疗效确切、可复制性。

6）实施仪器援建，提高硬件设备。

当然方法有很多，条条大路通罗马，基层医生只需要选择合适的方法。厂家要开好客户转型会，打造样板诊所，用真实的转型案例说话，实施名医惠民工程，打造诊所个人品牌，提高诊所在当地的影响力。

以客户转型和经营思路为导向，扎扎扎实实做好客情，才能跟客户进行战略合作。无论厂家的规模大小，只要产品有利润空间就要积极去做，提高客户的增值服务，以服务带动产品销售。因为现在客户最不缺的就是产品和专业知识，他们最缺的是改变诊所现状的思路和方法，哪个厂家能提供帮助，他们就选择跟谁合作。现在做客情的方式、方法必须改变，不变只能落后，只要帮助客户转型成功，改变客户诊所的经营思路，就没有合作不了的基层医生。

第四章
诊所动销攻略

一、动销活动你真的做好了吗

很多做药的业务员都清楚现在已经步入了控销 + 动销的时代，重点在于动销，即用什么样的活动把产品销售到终端消费者手里。很多业务员会想到促销，正是由于这样的误解，导致现在很多人虽然嘴里喊着动销，但是行动中却做着促销的事。关于动销和促销的概念不再区分，我们重点探讨的内容是动销。各位终端业务员可以想一下真的会做诊所动销活动吗？一个月或一年能举办多少场？活动的效果如何？

做好基层诊所动销活动是一个系统工程，只有“动”得快，才能“销”得快，但是在现实生活中大家组织的活动五花八门，可以用一句话概括——“基层诊所现在不缺促销活动，缺乏专业性的动销活动”。大家应该能想到目前做活动的水平如何，很多厂家的动销“工具”或“手段”有点落后，很多仪器检测结果并不能作为基层医生诊断疾病的依据。现在的老百姓也不傻，只要哪个地方搞“免费”检测活动，就有一种很强的抗拒心理，这也是现在活动不好做和效果差的原因所在。

当然动销活动也不能以偏概全，市场上还是有动销活动做得不错的厂家，做的动销活动也有创新，确实能够拉动诊所的销量，也能给基层诊所引流，提高诊所在当地的服务能力。根据最近半年基层诊所市场调研，目前在基层诊所搞动销活动的人群主要有以下几类：

1. 口号派

口号派战友最浮夸，他们知道动销概念，但是没有执行力，总是在抱怨，不愿意做出行动，他们最大的行动就是在“嘴上”，用一句话概括为“说话的巨人，行动的矮子”。这类人还有一个问题是随便答应领导、下级同事和合作客户的事，但是迟迟没有实际行动，所以诊所医生最讨厌这类业务员。

2. 模仿派

模仿派的业务员最突出的特点是“模仿”，缺乏自己企业的运作思路和模式，在市场上看见哪种活动比较好，就立马跟着别人后面去做。打铁还得自身硬，学来的皮毛根本就无法满足诊所动销活动的需求，最后导致得罪客户，企业和员工人困马乏，无法抓住活动的精髓。

例如开圆桌会、患者教育、检测活动、义诊和空盒换购等一系列适合基层诊所的活动，他们一直在模仿，但总感觉没有效果或者效果不好，而且市场上这类人居多。

3. 行动派

行动派业务员在市场中为数不多，这类业务员组织的动销活动确实很成熟，也是紧跟时代步伐，用实际行动证明市场中大家所谓的“过时”战术还是可以用来做销售的，但需要注意活动细节，因为细节决定成败。例如“微信群发红包”活动，一个很简单的动销活动，但很多战友的微信群基本上都是“病态”的，问题出在哪里呢？不是现在微信群发红包不起作用了，而是业务员想得太简单，忽略了里面很多的细节。如“红包雨”“红包新品爆破”都是不错的动销活动，真正用微信为销售做服务的人很少。要想在微信群发好红包，让微信群充分活跃起来，还需专门开会研究“微信群发红包”的细节问题。

所以，行动派是基层医生比较欣赏的人群，也是基层诊所愿意合作的人群，更是值得尊敬的人群。针对动销活动细节问题提供以下三点建议：

（1）提高动销活动的专业化水平。

这里所做的动销活动仅仅针对基层诊所，提高动销活动的专业性，以满足基层诊所的发展需求。因为诊所代表着专业化，企业所做的动销活动也得专业化，这就要求动销活动检测的结果必须要准确，可以作为诊所医生诊断的依据，才能发挥动销活动的作用，才能辅助基层医生销售产品。当然企业检测人员的专业性也得过关，最好是成立专门的检测小组或动销小组，不建议终端业务员去做检查。原因有三个：一则终端业务员不专业；二则给诊所做检查，患者不信；三则没有时间做动销活动。

（2）对合作诊所长期坚持做动销活动。

既然是合作的诊所，企业就有义务帮助合作的医生扩大宣传，无论是哪种类型的动销活动，只要长期坚持去做就会凸显效果。建议业务员每个月固定时间在固定的诊所去做动销活动，为诊所做一场或者几场动销活动是没效果的，还不如不做活动，甚至老百姓认为是骗人的活动，必须坚持在同一诊所做动销活动，只要长期坚持去做就会获得以下效果：

1）让患者养成良好的消费习惯。在当地给诊所做动销活动一旦形成习惯，就能很好地辐射合作诊所周围的人，让别人知道平时做的活动不是“骗局”，业务员是为诊所做服务。长期坚持去做还有助于促进检测人群再次消费，时间久了就会建立起信任关系，加之企业的检测活动确实专业，能取得老百姓的信任，之后，再去推荐产品，成交概率就会大大提高。

2）诊所动销活动做成特色项目。企业所做的动销活动要形成体系，诊所将动销活动可以作为一个项目去运营，让基层医生将“引进来”和“走出去”完美地结合在一起，有助于诊所转型和品牌升级。

（3）调整好心态。做动销活动业务员不能一味地功利化，以当天的产出衡量工作质量，这样永远做不好动销活动。动销是一个系统而复杂的工程，不可能一蹴而就。给基层诊所做动销活动也是现在做诊所业务发展的需要，是业务员给基层诊所医生提供的一项增值服务，只要长期坚持去做，就会有不一样的效果。

综上所述，不是终端业务员不会做动销活动，而是看不出动销的真谛，很多人只是当作“活动”而已，所以想法很多，总是想找一些捷径做活动，总是想少干活多产出，这样的活动还不如不做，以免影响跟客户的客情关系。业务员应该好好深思如何在基层诊所做动销活动，其实做药的套路没变，只是做药的心变了。终端业务员刚入行就学会了做动销活动，只是没有坚持去做而已，走了所谓的捷径，活动虽然做了，但是没有销量，基层医生也不会领情。

二、诊所快速上量的秘诀（上）

产品进入诊所容易，卖出去就没那么容易了，甚至还面临着医生调货或退货的问题。一旦产品导入诊所，如何上量是大家非常关心的问题，如何才能在诊所快速上量，让产品不愁卖，我在这里提供九种方法供大家参考：

1. 驻诊所促销

以前做 OTC 业务时可能涉及驻店促销，目的是为了更好地销售产品和加深客情关系。很多企业在药店配备健康顾问，直接服务终端连锁药店，带动企业产品的销售，能快速拉动门店销量。

做基层诊所业务也是同样的道理，业务员需要驻诊所促销，帮助或督促基层医生去销售产品。但是在诊所操作起来就比较复杂了，不像连锁门店只需要摆一个展示台，放点产品就可以促销。诊所不可能这么操作，医生也不愿意让业务员这么做，因为很多医生怕业务员弄巧成拙，影响他的名声和生意。很多企业的终端业务员基本上都是非专业人员，给诊所做促销的目的性太强，可能会伤害医生的患者，所以在基层诊所不能直接派人做促销。

业务员怎么去驻诊所促销呢？不能按照字面意思去理解驻诊

所促销，业务员不可能住在门店做促销。这里的驻诊所促销是指企业的业务员在固定时间，在某个诊所监督医生销售产品的过程。假如医生不太忙，还可以交流产品的用药经验和推销技巧等，在驻店期间，让医生通过业务员的引导销售产品。大多数业务员都是本地人或者居住的地方比较近，驻店促销就是白天在诊所监督医生卖产品，晚上回家休息，以免影响医生的正常作息和工作。

例如业务员可以在每月 1 日 –5 日去某医生诊所驻店促销，只要人到诊所，医生自然就会明白要做什么。假如有对症的患者就会主动推销我们的产品，最好中午再跟医生一起用餐，能加深和巩固客情关系。只要跟基层医生关系到位，终端业务员在驻店期间可以在医生家里进餐，也可以去外面吃饭。但是业务员的目的不是吃饭，而是帮助医生销售产品，在此期间可以向医生倾诉自己这个月的压力有多大、任务有多重，让医生多推销产品。说到这点，做基层诊所市场的人员必须向做医院临床的医药代表学习，学习他们盯医生开处方的方法，只要业务员在诊所就要不断提醒客户用我们的产品，监督医生去用我们的产品，只要长期坚持做，上量不成问题，就怕很多人不愿意耗时间，不愿意花费精力这么做。

所以，驻诊所促销是一种有效的上量方法，做医院的代表就是这么做业务，做基层诊所的业务员必须借鉴这种方法，用在基层医生身上就能快速上量。

2. 专家义诊活动

所谓的专家义诊活动，仅仅指基层医生的义诊活动，也就是义诊活动的医生不一定是医院的专家或者教授，是当地组成的基层医生联盟，相互帮助进行公益性的免费检查和艾灸，重点在于针灸治疗疑难杂症。因为现在免费义诊的活动太多了，老百姓心知肚明，但是企业组织当地的基层医生进行疑难杂症的免费治疗，活动却很受老百姓的欢迎。

义诊活动的现场非常火爆，老百姓的参与度非常高，也深受当地政府机构的支持，是一件非常有意义的事情。对于企业而言，完全公益性的义诊活动不现实，活动中会顺带推销企业的产品。动销活动的针灸项目可以免费，也确实有不错的效果，但是仅仅一次针灸就能治疑难杂症是不可能的，针灸治疗也需要疗程，最好是配合服用对症的药物疗效会更好。所以，免费义诊活动涉及产品销售，只要医生扎针有效，再给患者推荐产品，患者的接受程度会更高。企业给诊所搞义诊活动不仅是为了扩大该医生的影响力，更重要的是为很多疑难杂症患者带去福音，减轻他们的病痛。中医治病讲究“一针二灸三汤药”，这样才能调和阴阳，恢复人体正气，针灸配合治疗疾病疗效显著，企业名义上是义诊，实则顺便销售自己的产品，这样才能让义诊活动效果更好。

针灸义诊在市场中比较火爆，如果企业为了蹭热度使义诊活动变了味道，直接变成产品推销会，便失去了义诊的意义，患者怨声载道。有些义诊活动虽然现场火爆，但是最后对于组织活动的业务代表来说没有收获，就会影响业务员的积极性。搞专家义诊活动有哪些注意事项？怎么做才能达到预期的效果？具体如下：

（1）配套的“硬件设备”。

这里的硬件设备不是器械之类的产品，而是拥有特色疗法技术的老师，这个老师最好是企业聘用，可以随时配合企业开展活动，如学术会技术展示和义诊活动都需要技术老师参与，聘用老师的水平决定着义诊活动的效果，是义诊活动的核心人物，所以聘用老师的实战技能尤为关键，不能凑合着做义诊，最好是理论和实践都比较精通的老师。

（2）现场工作人员。

义诊现场工作人员非常重要，三两个人是做不了义诊活动的，所以做义诊必须是本市场上所有的同事都需要出动协助组织，具体要配备：1 个现场的总指挥官，2 个拍照的人员，2 个维护秩序的人员，1 个检测血糖、血压的人员，1 个登记人员，2 个引导患者排队的人员，1 个礼品兑换人员，1 个现场解说或询问人员。这样统计下来最少也得 10 人，才能保证活动的正常开展，人多了自然有氛围，每位工作人员只需要各司其职就可以。

（3）找愿意合作的客户。

企业合作的客户一定要在质量上有所要求，不是所有的医生都有资格组织义诊活动，企业肯定有选择性。认可企业操作思路，愿意跟企业一起发展的医生才可以参加义诊活动。这样才能保证双方在合作意愿上达成一致，行动中会全力以赴。不要找那些不认可或者不愿意合作的客户，不能强求组织义诊活动。只要业务员在当地市场找一到两个合作的客户做义诊活动就行，企业帮助合作客户把生意做起来后，可以邀约他们参观合作诊所具体操作流程，只要医生来参观都会有感觉，会被义诊活动的氛围感染，有时候其他医生会主动找当地业务员谈义诊活动。

所以，一定要转变思想，基层诊所不缺少医生，但缺少跟企业合作的医生，只要深层次合作把义诊活动做好，一个客户的回款数额很可能就是5～8个客户的总量。

（4）搞好外联。

企业打出的口号是免费义诊，备案官方通常会给予支持，毕竟是替老百姓做好事。提前考虑好外部因素，为诊所义诊活动保驾护航。

（5）活动的宣传。

活动的宣传内容可以多种多样，比较实用的有：

1）广撒网。

●印发宣传单。宣传单在活动前一天发放，如果活动当天人数不多也可以当天再次发放。

●活动租用敞篷车大喇叭进行街道、乡镇大范围宣传。

●通过微信群发广告宣传，只要转发朋友圈点赞就可以获取相应奖励的方式进行宣传。

●通过报纸、电视广播等形式宣传。

广撒网的方式可以多种多样、灵活多变，根据各自市场的特点选择合适的方式宣传。

2）精准找客源。

●通过义诊诊所的医生预约患者，医生都有一定数量的老顾客，他们进行精准化预约患者到场率高，而且医生清楚预约患者的病情，治疗更具有针对性。

●通过本地市场搜集客户，把将要参观义诊活动的其他医生和疑难杂症的患者都邀请过来，现场施针治疗，这样更能征服来学习参观的医生，甚至有的医生可以现场体验，让他们认同企业引进的技术。

●让来参会的业务员带点身边熟悉的患者，如自己的亲属或朋友都可以，提升现场活动的人气。

（6）活动现场细节。

1）物料准备。提前一天让所有的工作人员去义诊地点熟悉环境，简单地进行任务部署安排和演练，熟悉活动的各个细节，提前准备好义诊的物料，如桌子、板凳、条幅、检测设备、音响、相机、宣传彩页、药品、针灸针、棉签、酒精和小礼品等。

2）分工明确，责任到人。活动一开始，活动组人员各司其职，做好相互之间的交流配合工作，尤其跟针灸老师的配合要默契，一切听从现场总指挥的安排和调度，保证每个岗位都有人能负责，禁止聊天或现场外抽烟，避免出现找不到人等情况发生。

3）维护好现场秩序。通常义诊现场会很热闹，维护现场秩序很重要，尤其要保证现场施针老师周围一米之内不要有人干扰，避免影响老师治疗。

活动现场给患者施针要有确切效果，不能为了义诊效果而弄虚作假，不然就失去了义诊的意义，只不过活动顺利开展要讲究战略战术，特别是活动细节的处理尤为重要，细节决定义诊活动的成败。

4）摄影或摄像的人。在老师施针前拍一段视频，简单地采访一下患者的病情，在老师施针后再拍一段视频或者照片，并且采访一下施针后患者的感受，同时现场还需要有解说的人，具体询问患者施针前后的感觉，并与老师进行简单的交流。

老师在施针的时候，患者、医生和自己的业务员不要拍照，要在义诊开始前说明白，这是保护企业老师的隐私，想学的医生可以找当地业务员，想治疗的患者可以找当地合作的诊所。

拍了照片或者视频后，业务员在微信群和朋友圈转发，让没有来参加义诊的医生也感受到活动的效果和氛围，同时也为其他市场营造气氛，凸显义诊活动效果。

5）及时引导患者。量完血压或血糖后组织患者排队，拿着检测结果等待医生施针治疗，只要现场施针对患者的疑难杂症或者慢病有效果，很多患者会买药，一般都是按疗程买药。假如患者接受不了疗程用药，可以不开药给患者，只在现场施针治疗即可。义诊时，对于特殊群体，企业可以免费赠药，以体现企业的人文关怀，提高企业在老百姓心中的地位。

6）营造氛围。一般现场扎针的患者最少需要半个小时才能拔针，这时候就需要现场解说人员询问，再配合老师运针增强现场的氛围。说不定一场成功的义诊活动会引起不小的轰动，因为活动现场的氛围确实能够感染到来参观的人。

7）义诊附加值。中午吃饭的时候组织前来参加义诊活动的医生开一个简短的学术会，简单地介绍一下企业的特色技术和产品，这样学术会也开了，午饭也吃了，跟客户的客情也提升了。

有些业务员会问吃饭的费用如何承担？吃饭费用当然是组织义诊活动的人负责，基本一场活动1000元左右，因为每个业务员都会轮着举办义诊活动，不存在吃亏的问题，花小钱办大事。一个团队需要协同作战，团队的力量无穷大，终端业务员要靠团队成长和发展，也要赚钱，满足业务员生活的基本需求。

8）义诊活动的总结。义诊活动结束后要及时总结反馈，总结不足的地方和突出的地方，以便下次举办义诊活动的时候不再犯错。

以上是对义诊（针灸）活动经验的总结，帮助正在为做义诊活动而迷茫的人，做好专家义诊活动提高销售业绩。

3. 收费检查活动

基层诊所的检测活动，尽量不要免费做，因为人们对免费检测有很强的抗拒感，尤其是对于全科检测仪、一滴血和微量元素等检测，这些是以前做市场的玩法，活动套路已经过时了，不再适合基层诊所的发展需求，所以现在在基层诊所必须要做收费的检查活动。

收费检查的机器必须是医疗器械，检测结果可以作为诊断依据，例如C14、血常规、心电图和基因检测等，检查结果是可以作为治病的参考依据。

收费检查，患者才会重视检查结果，毕竟是花了钱的。这里有几个细节必须注意：

1）邀约患者。很多业务员担心没有人来做收费检查，解决这个问题必须要让医生亲自去邀约患者来诊所检查，因为患者信任当地医生，基层医生也非常了解附近区域每个家庭的健康状况。每个基层医生都有自己区域的健康档案，所以邀约的患者就具有针对性，成功率也非常高。

2）检查细节。细节很重要，有必要在检查前给患者预热，做好患者的教育工作，让他们明白检查的意义、检查的流程及注意事项。检查的时候医生需要一个独立的房间做检查，被检查的人必须在房间外面排号。检查人员一定要注意穿着打扮，最好穿白大褂、戴口罩。教育患者的人员、维护秩序的人员、检查人员和解读报告的人员必须是不同的人，会务组人员各司其职，2～3小时就能够检查完毕。

3）检查报告的公布。检查结束后不能当场公布结果，要么是下午，要么是第二天公布，一对一地与患者交流，解读检查报告，最后让患者拿着报告去咨询医生，让医生给治疗建议。一般企业在报告中会给出一定的用药建议，这时候医生只需要对症下药即可。

4）要为购买了药的患者做好登记和回访工作，帮诊所稳定客源，做好电话销售，引导患者再次消费。

4. 患者教育

为基层诊所的患者进行教育工作有难度，比企业组织普通的健康讲座复杂。企业做患者教育一定要借势，最好是跟当地的卫生宣传部门合作，因为当地相关的卫生机构每个月都有任务考核，要做健康教育宣传工作，企业完全可以跟他们合作。

业务员要想尽办法做这项工作，因为患者教育可以使企业的产品直接销售给患者，这就解决了产品销售难的问题。未来基层诊所的发展都集中在患者或顾客身上，消费者或终端的数量，就决定未来诊所的规模。

所以，如果有精力可以多开患者教育会，这是非常有意义的事情，也能直接宣传企业的品牌，给合作的医生引流，从而带动产品销售，帮助基层医生做好慢病管理工作。

5. 巧用临床案例汇编

做诊所的品种，尤其是以前做临床实验的产品，应该有很多的临床汇编供基层医生参考，借以说明企业产品的疗效，增强医生的用药信心。

除了给基层医生阅读文献外，企业还要整理一些患者能够看懂的资料，一定要注意是给患者看的资料，必须通俗易懂，资料里面有大量的用药案例。例如治疗某个疾病，可以将治疗前后的诊断报告做对比，有没有疗效用诊断报告做参考，非常有说服力。制作出来的临床案例应该在基层诊所大力推广，主要放在诊所租用的地方，只要是来看病的患者就给他们浏览，也可以拿回家阅读，扩大诊所的影响力。

当然，汇编里面也可以加入基层医生平时在群里晒单的案例，例如患者什么症状、经过哪些治疗、现在开具的处方，配有照片效果更好，深受基层医生和患者的喜欢。做临床案例汇编是花小钱办大事，业务员应该积极去做这件事情。巧用临床案例汇编，轻松助力产品销售，做这件事情一定要细水长流，要有长期经营的思想。如果只是短期经营或者边做边看，就不建议采用这种方法开拓基层诊所市场。

三、诊所快速上量的秘诀（下）

1. 巧用分享案例做促销

微信群里分享案例是很多厂家都在做的事，以前主要是采用发红包的形式，只要医生分享案例，业务员就要发红包鼓励医生分享。除了平时发红包奖励外，业务员还可以采用奖励退热贴和创可贴等医用产品，这些医用产品一般都很廉价，成本可以忽略不计。业务员要鼓励医生多晒单，如晒半个疗程，在发红包的同时再奖励 3 贴退热贴，一个疗程奖励 6 贴退热贴，活动一周进行一次，最好在客户群里每周公布一次排名，不断刺激基层医生晒单。这种方法不仅能促进群里其他医生销售产品，还能达到快速走量的目的。

采用这种方法不仅让晒单医生有红包拿，还有额外的物质奖励，让他们在内“比学赶帮超”，营造企业产品销售的氛围，从而拉动销量。

2. 多开圆桌会交流用药经验

圆桌会是做基层诊所推荐使用的好方法，在圆桌会上要多交流企业产品的销售技巧，多让有名望或做得好的医生做分享，分享他们平时的用药经验，以及如何去使用和推荐产品的技巧。在基层诊所如何取得患者的信任有技巧，不要一开会就说产品，这样的会议没有吸引力，客户也不愿意参加。

可以采用喝茶座谈会的形式开会，相互交流自己的用药经验和销售技巧，在本地市场上让基层医生形成联盟，带动所有客户卖厂家的产品。大家一定要抓住开会的优势，同时讲究开会的技巧，只要经常开会就有产量，业务员的业绩也不会差。

3. 多备点小基药和普药为销售服务

可能有人会问，为什么要备基药和普药，自己又不做基药和普药，但基层医生需要基药和普药。虽说基层医生现在不缺基药和普药，但是业务员只要有渠道就可以备一些基药和普药，目的是满足医生的用药需求，购买企业的产品送基药和普药，因为这些基药和普药医生每天都要用，每个月都要进货，业务员可以跟医生沟通，不需要他花钱购买基药和普药，购买我们的产品有政策送基药和普药。这个方法非常管用，遇到比较难合作的医生都可以采用这种方法，基层医生愿意接受这个方案，就看业务员愿不愿意准备一些基药和普药。产品进入诊所要想上量，用基药和普药带动产品销售，关联在一起销售效果更好。

但凡能接受这个方案的医生都有很强的卖药能力，只要产品进入他们诊所就不怕卖不出去，就算是难卖的产品，这类医生也可以卖得非常好，前提是业务员要有采购基药和普药的渠道。

4. 过期或近效期药品的回收

每个诊所都会有过期或近效期的产品，有些厂家服务不到位，给下面的基层医生带来麻烦，基层诊所都是小本经营经不起折腾。对于这样的客户，业务员要抓住机会，只要诊所有过期或者近效期药品，业务员可以承诺给客户兑换过期产品，但客户要以正常供货价进购产品，然后给客户做政策回收过期药。只要政策力度稍微比平常大一些，客户基本上都会接受。例如平时给客户的政策是五零扣，这时候就给客户四零扣，或者更大的政策力度，客户就会接受回收过期药品的方案，回收的过期药品可以卖给药品回收点。

例如某产品供货价 30 元，零售价 60 元，一件包装是 100 盒，给客户的政策是进一件产品回收 3000 元零售价药品。这时客户需拿出 3000 元进购产品，只需回收客户供货价 3000 元的过期或者近效期药品。

这个方案对业务员来说相当于以正常供货价给客户供货，达到快速起量的目的，还能赚过期药品回收的钱。对于医生而言能够避免过期或者近效期药品卖不出去的风险，让客户正常赚钱，帮助客户解决难题。

5. 建立空中学堂，线上交流学习

利用“互联网 +”技术，企业建立空中学堂，进行线上交流学习，既可以节约时间，也能节约请客吃饭的成本。根据市场调研，很多基层医生很愿意参加线上学习，客户可以在家里实现交流和学习，甚至有的医生会主动要求企业组织线上学习，学习慢性病和常见病的诊疗技术，企业可以邀请有名望的医生或专家与基层医生在线进行交流学习，提高基层医生的专业素质和诊疗水平。线上授课的老师最好是企业内聘，方便企业安排时间和导入产品。

在线上交流学习时一定要组织好客户参会，最好让客户提前熟悉线上参会的流程，方便及时参会。企业还要提前确定好主题并大力宣传，最好让已经参与的客户邀请或带动其他客户参加，一起交流学习，共同提高诊疗技术水平。通过不断组织医生参加空中学堂学习，医生对产品的熟知度会明显提升，从而达到上量的目的。

6. 线上抢答企业产品知识

利用好企业微信，定期可以在群里组织客户抢答产品知识，让客户不断加深产品的熟知度。

这个方法最好借助“红包雨”进行推广，下完“红包雨”以后就进行产品知识抢答，最好选择在晚上 21：00—22：00 进行，方便客户参与活动。第一位抢答正确的客户出现，就公布答案然后给客户相应的奖励。

用这个方法也能调动客户的积极性，让客户越来越会卖产品，医生微信群也会变得活跃，有助于产品上量和稳固客情关

系，值得在基层诊所大力推广。

7. 空盒换购活动

（1）活动的意义。

1）患者感觉毫无用处的药品空盒有用，虽然拿出几元钱，但是换购到的礼品超值。

2）间接培养了患者疗程用药习惯，使药品更加有效，更加信赖我们的产品，尤其是中成药一定要让客户养成按疗程用药的习惯，因为中成药与西药相比起效较慢，需要服用一定的时间才能体现出来，空盒换购不仅能培养客户按疗程用药的习惯，还能培育患者按疗程用药，增强医生和患者的用药信心。

3）员工不用为动销付出额外的代价，反而会在换购礼品中得到利润，调动了员工对动销活动的积极性，简单、易操作，特别适合基层诊所操作，效果很明显。

（2）活动细节。

活动操作方法：患者拿着企业药品的空盒，到诊所加 1～5 元可换购礼品，所有换购的礼品都是超值礼品，员工无投入。在谈这个活动的时候尤其要打开医生的心结，举办这个活动是在帮助他做生意，拉动诊所的人气。在分析好处的同时，业务员还要配合诊所做好礼品的兑换工作，具体如下：

1）商家奖励：

- 一周内回收 200 个空盒送 1 床被子，送的被子尽量选择质量好的，并包装好。

- 一周内回收 500 个空盒送牙膏 100 盒，还可以送香皂、毛巾、牙刷、雨伞、洗衣液、水杯和电子体温计等。

●一周内回收 800 个空盒送 1 个黄金锅，也可以送水疗毯、小型手持家庭雾化器、净水器、空气净化器和养生锅等。

2）患者换购，如图 4－1 所示。

●2 个空盒 +1 元换购一支护手霜（成本 1.98 元，零售价 21.2 元）。

●2 个空盒 +2 元换购一支牙膏（成本 2.65 元，零售价 25.8 元）。

●2 个空盒 +3 元换购一盒精油皂（成本 3 元，零售价 48 元）。

●6 个空盒 +15 元换购一瓶洗衣液（成本 14.25 元，零售价 68.8 元）。

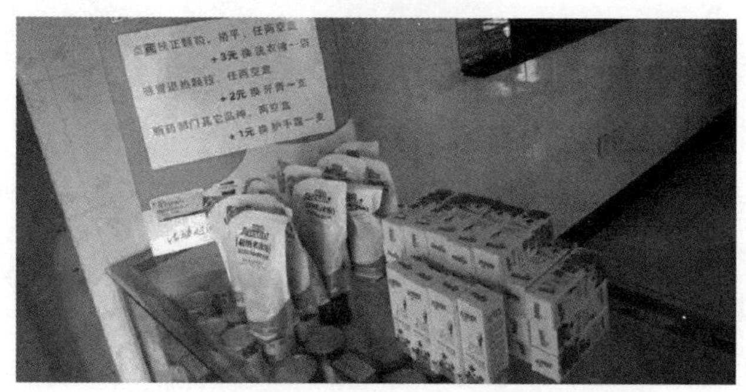

图 4－1　患者换购

（3）活动评估：

● 医生疗程卖药，产品动销快。

● 患者感觉得到实惠，提高诊所进店率。

● 提高压货的成单率，解决诊所产品积压的烦恼。

● 员工积极性高，干劲十足。

（4）活动注意事项：

● 需寻找积极配合，能够严格按照活动要求来做的客户合作，防止客户私自加价。

● 做好宣传造势，最好是做个展架放在患者最容易看到的地方。

● 小礼品加价换购不超过 5 元，保证诱惑力，防止患者不接受。

● 礼品要少送、勤送，空盒要及时清点回收。

● 礼品可丰富多样，拉开档次。除洗漱用品外，可增加床上用品、家用电器，但是前提是保证产品质量和换购的礼品超值。

● 针对不同类型的客户制定个性化的动销奖励方案，让客户有目标，提高积极性。

四、如何做好电话回访

1. 回访的目的与作用

通过回访，在电话中或者面对面地为患者提供服药指导，可以更好地达到预期疗效，同时指导患者服用，以达到最佳疗效。

通过与患者电话或者面对面的交流，能够全面了解患者病情、病史、病发原因及其他状况，通过我们专业的解答疑难，有效地促进后续复购，并带动周围人群购买产品。

通过与患者双向交流，可以直接搜集到患者对产品的意见。无论是正面的还是反面的，都可以作为公司制定营销策略及方案的参考依据。

1）通过对患者抱怨的圆满处理，能增强顾客忠诚度。

2）能及时获取产品销售信息，为企划、广告投放和销售部门提供参考依据。

2. 回访的工作要求

（1）调整心态。

回访人员主要是负责已购患者的电话回访工作，耐心、通俗易懂地讲解产品的各种药理和病理知识，帮助患者树立正确的治疗心态。

（2）促成销售。

通过细心的回访服务，在患者人群中建立良好的口碑，并最大限度地促进新购和复购人群的产生，同时清除由于患者误解而形成的不良口碑。

（3）搜集资料。

分析患者的购买动机和全面资料，与患者建立一种关怀他病情、帮助他治疗的特殊关系，做好产品的售后服务及典型病例的挖掘工作。

1）处理由于销售等工作不当而引起的各种问题，杜绝影响市场销售的各种不良因素。

2）仔细登记患者回访表格各项内容，并定期或不定期编制患者回访反馈表。

3）必须召开每周例会，汇报每周的工作情况，共同讨论解决回访过程中遇到的疑难问题，共同参与制定市场的发展规划。

3. 回访进程安排

（1）回访内容：

1）服药情况、用法用量、有无效果、病情变化、意见反馈等。

2）了解其心理，结合服药情况、病情、病史、身体状况，坚定服药的信心。

3）告知相关保健常识和体育锻炼方法。

4）了解顾客的基本信息，便于以后更好地沟通，如家庭成员、业余爱好等。

（2）回访专员同患者交流过程中要始终站在专业医学角度，在建好患者档案后，根据计划把回访工作分为以下四种：

1）跟进访。患者购买产品后的第一次访问，一般在患者购买产品后的 3 天内。跟进访的目的主要是为下一步营销做铺垫，以增进感情为目标，要在顾客心中树立良好的服务团队形象。回访人员应站在患者角度，向患者表达关怀和同情，让患者真正感觉到回访人员在为他的健康着想。例如仔细谈病、谈药、谈医学、谈心理、饮食及精神状态等，叮嘱患者使用产品时的注意事项及生活中要注意的事项，增强患者对产品的信心，增进患者对公司、对回访专员个人的感情。

2）周期访。根据跟进访情况，了解顾客服用产品的具体情况，在顾客服用产品 15～20 天再次回访，可用短信或电话回访，这种回访就是周期访。

周期访的回访流程安排：根据计划确定回访顾客名单→分析上次跟进访的情况→打电话→了解顾客的病情变化情况→收集有用信息→结束表达祝福之意。

在了解顾客病情变化过程中，如果顾客服用效果很好，则建议其继续用药，巩固已取得的疗效。

如果顾客的用药效果不明显，则要从年龄差异和用药时间长短、治疗周期等方面进行讲解，建议顾客不宜偏废前期用药积累的良好基础。

如果顾客有不良使用效果，则要根据具体情况具体分析，看顾客是因为使用方法不当还是正常病理反应等。如果自己无法做出合理的解释，则应提交回访组负责人进行跟踪处理。

注意事项：

- 切忌顶撞患者。
- 善于使用病例来说明。
- 对产品有坚定的信心。
- 回访之前要先温习消费者病情及有记载的个人情况。
- 每次问两三个问题，不必过多，以免对方产生厌烦心理。

3）活动访。在公司搞促销活动期间，或者医患见面联谊会进行的访问。

活动访应注重回访人员的数量及数据库中的有效名单量。活动访是在前几次的铺垫之上的回访，目的非常明确，就是销售。回访人员可以先询问患者的病情变化，然后根据具体情况指导继续用药，督促患者再次购买，也可以根据患者的用药情况及病情变化，加强其对产品的信心和继续服用的信念，并促使其再次购买。如果回访一切顺利，回访人员要积极地推荐患者购买产品，而且一定要敢于推荐最大购买量，这是销售增长的关键时机。

4）提醒访。提醒访是指患者的药物还有 5 天左右的用量时，应打电话提醒患者买药。

提醒访的主要内容：了解患者服用药物后的发展变化，肯定效果，利用专业知识对其进行医疗指导，树立患者继续用药的信心。务必做好患者的复购工作，最大限度地促进产品销售。

4. 电话回访需要注意的问题

（1）注意自己说话时的语气语速语调。

在电话回访时，声音是相互交流的唯一途径，声音不要太大或太小，尽量显得饱满，语速尽量放慢，顾客更容易产生依赖感。

（2）热情。

一定要热情，调动自己的积极情绪，不能让顾客有冷冰冰的感觉。注意：我们的热情是一种关心，冰冷不代表权威。

（3）认真聆听。

认真听顾客说的每句话，多听少说，患者说 70%，我们说 30% 就比较恰当。听得多，情况了解越全面，解答就会越准确，患者就会越满意。

（4）谨慎。

老练谨慎地回答患者提出的问题，这样就会避免一些不应有的失误，患者提出的问题超出自己掌握的范围时要向专家请教，或者翻看医学书籍后再给患者回电。

（5）好心与严厉。

在某些情况下，回访人员可以“严厉”地指责患者，但必须知道掌握分寸，一定要让对方感到你是出于好心。

（6）积极性。

在指导患者之余，一定要给对方温暖和希望，哪怕患者病情的康复进展缓慢，或者服药效果一般，也会因为我们的工作态度而改变。

（7）注意电话回访的时间。

尽量避开患者休息的时间，如果患者本人不在，对接电话的人也要保持一样的尊重和礼貌。

8）结束语。

回访结束，一定要说祝福语，如早日康复、身体健康等。

在与患者接触过程中，回访员要给患者留下以下印象：

- 专业：病理药理知识一定要扎实，这是开展一切工作的基础。
- 热心：最大限度地为其康复服务。
- 可信：取得患者的信赖是工作的要求。
- 可亲：七分朋友，三分专家。

5. 打回访电话前要明确的内容

每次回访前，回访人员首先要分析档案中患者的情况，然后把回访目标转化为几个方面，如了解患者产品的服用情况、了解患者对产品效果的看法、患者对产品是否认可、患者是否有继续服用产品的意愿、患者是不是中途放弃服用产品了、患者的病况、近来有什么大的变化、家人态度如何，然后有计划、有步骤、有记录地电话回访。

6. 如何突破回访障碍

（1）回访遇到患者“不在”怎么办？

第一，患者不在，回访人员不能放弃。

第二，回访者说出专门为患者留下特价活动产品的话，让患者感觉像朋友。

第三，询问其家人患者什么时候在家，为下次回访埋下伏笔。

（2）患者说产品没有效果怎么办？

假如在回访中遇到吃了我们的药没有效果的患者，不要慌张，回访人员先安慰对方，绝对不允许发生在电话中与患者争吵的情况，接着通过仔细询问对方的生活情况、服药情况、饮食情况及生理或身体情况，看是否存在一些对方不规律、不注意、对疾病恢复有重要影响的原因，尽全力解决患者的问题。

解决患者对效果的疑虑问题，最直接有效的方法就是指导。在指导过程中，回访员不仅要讲病因、病理和列举病例，还要讲一些生活中的疾病预防常识及治病偏方，以取得患者的信任。

（3）如何化解患者抱怨？

要耐心听取患者的抱怨，不能急躁。化解患者抱怨的核心技巧，简单地说就是四个字：正确指导。什么是正确指导？就是回访员通过寻找患者产生抱怨的原因，找出克服的办法从而化解顾客的抱怨。处理患者抱怨应做到：

- 不要与患者发生直接的冲突。
- 克制自己，避免感情用事。
- 牢记自己代表的是公司形象。
- 迅速处理，避免拖延，使小事变大事。

• 诚心实意地道歉，不能口是心非。

• 合理恰当地解释。

（4）病情特殊的如何解答？

有些患者的病情比较特殊，超出自己所学范畴，这个时候一定不要慌张，更不要不懂装懂胡说一气。可以跟患者这样说：您的情况比较特殊，为了对您的病情负责，我会将您的问题向我们的专家组组长反映，他在××方面的治疗经验非常丰富，让他来解答您的问题，好不好？然后记下患者联系方式，将问题提交专家组组长，由组长打电话解答。

（5）跟踪不下去的患者档案怎么办？

跟踪不下去的患者档案，第一时间提交回访组长进行跟踪回访、处理。

第一次回访

购药后3天内：

医生：你好！是××先生或者女士吗？（确定是否是本人）我是某药业的健康顾问××医生（回访员必须告诉患者自己是××医生，这样患者才更愿意跟你交流，否则患者只当你是普通销售人员，就没必要跟你深入地谈病情。）

医生：你是在×月×号在××药房购买了××盒某产品，是吗？

医生：告知去电的目的。服用方法：按时服药，饭前或者饭后服用，饮食的注意事项。

医生：如服用其他药物，如降压药物、降糖药物或者其他药物，只需错开半小时服用即可，无需停药。

医生：你患这种病多长时间，平时情况怎么样？希望通过药物治疗早日解除您的痛苦。（这里可适当与患者聊一些家常，如说您患病痛苦，家人也不方便、子女上班也不安心等，以增进医患感情。）

医生：以后我会经常打电话联系，只要是购买了这个产品的患者，我们都会跟你们保持联系，直到您完全康复为止，您看我什么时候跟您联系比较方便呢？

结尾：那好的，天气不好，您注意身体，过几天我再跟您联系。

第一次回访一定要了解患者病情、症状、用药史、家庭情况、个人爱好、生活习惯及方便回访的时间，以便下次回访。同时要掌握患者的心理，了解患者的心声及最关心的问题。

第二次回访

第二次回访一般在患者服药第 7 天，不要在患者服用完才打电话。

医生：您好，是××先生或者女士吗？我是某药业的健康顾问××医生，上次跟您联系过的。

患者：有什么事吗？

医生：想了解一下您目前的情况？

效果好的：鼓励继续按时服药，按疗程购买，促进患者回头率及购买率。

效果不好的：询问原因，是否按时服药；身体其他原因，病太久，没有在意或天气原因等。

分析不好的原因：

- 天气变化，药物还没有发挥作用。

●病要三分治疗七分养。您服药的同时还风里来雨里去，吃药有什么用呢？

●身体太差，就像一座危房，光靠一根柱子肯定不行，全面维修的过程比较久。

●一定要坚持按疗程服用才能有好的疗效。

●就像吃饭，饿得很厉害的情况下吃一碗饭没有感觉，第2碗饭的时候可能就有感觉了，治病也是一样的道理。

●治病就像赶火车，离火车站近的5分钟就到了，有人离得远20分钟才能到，所以治病不能着急，要因人而异。

●想停药的患者就像烧开水一样，您等了很久水没有开，到了90度时把火关了，如果您想喝开水是不是又要重新烧水，这样浪费时间也浪费钱。治病也一样，您不能这么快就停药，停了就前功尽弃了，必须按时按疗程服用。我们现在针对老顾客有定期的跟踪回访，就是为了对你们负责，所以您就放心按时服用。

每个回访员必须调整好心态，将公司的事当作自己的事去做，用老板的心态看问题，要做好电话售后回访必须学习再学习，要知道回访员掌握得知识越多，业务员越有说服力。学习再学习、总结再总结，没有做不到的事，只有做不到的人。

五、学术会推广的作用及方向

1. 学术会推广的作用

学术会在产品推广中有非常重要的作用，很多厂家都在开学术会。一提起学术会，很多人就会想到在饭桌上进行，基本是围绕产品展开，开会形式老套又没有特色，很难抓住客户的心。其实，在市场中开学术会的方式很多，例如课桌会议、沙龙会议、座谈会、圆桌会、旅游会议、地区级学术高峰论坛、省级学术论坛等，各种形式的会议有不同的作用，以下是学术会在推广中的作用总结：

（1）促进新客户进货。

学术会的开展也是促进新客户进货的重要渠道，开发客户以后，很多业务员给客户讲不明白产品知识，即使能够讲明白，很多医生也不愿意听。只有通过学术交流会议才能让客户了解产品知识，客户在会议现场也能够听进去，会后再跟单就会轻松很多。

当然，开会也要配合相应的政策去拉单，不然新客户很难进货，最好是在会议上邀请一些老客户，然后由老客户带动新客户，这样会增强新客户的信任感，从而增加新客户进货的概率。

所以，在开学术会的时候要新老客户一起开，让老客户带着新客户，这样开会效果最好，出单率也最高。

（2）拓展客户数量。

通过开学术会可以拓展客户数量，开学术会也是开发客户的有效手段；通过学术会不仅可以导入产品和营销理念，还能培育客户销售产品的能力；学术会开发出来的客户也有实力，不会出现产品卖不动而退货的问题。尤其是刚进入市场的新人特别适合利用学术会开发新客户。

客户的数量越多越好，但是客户太多会无法精细化操作，毕竟我们的时间和精力都是有限的，建议每个业务员的客户最好不要超过 30 个。

（3）解决动销问题。

开学术会能够解决产品销售难的问题，是做基层诊所最好的动销手段。说到动销手段，最好的方式就是让医生来销售，建议每个月每个业务员至少开一场学术会。开学术会有时候没有效果，为什么还要坚持开？其实，开会就是不断给客户灌输产品知识和销售技巧，只有通过高频次的会议才能够改变医生现有的处方习惯，从而主动销售我们的产品。

开学术会不仅能提高医生对产品的熟悉程度，还能提高业务员的产品知识理论水平。每月通过几场会议解决产品的销售问题，是动销活动最有效的方式，简单易操作，业务员只要每个月组织医生开会就能动销。

（4）能够促成大单。

开学术会能够促成大单，只要定期给同一个客户开 5 次以上的会议，成交大单的概率就很高。学术会除了产品交流外，还需传达产品的销售方法，一旦客户按照学术会上教的方法销售出去产品，客户就不怕压货，自然能够接受大单。

大家可以想一想，一个合作了至少两年的客户，对产品肯定是比较了解的，甚至医生的处方习惯都被改变了。只要在诊所遇到类似的患者，客户肯定会第一时间推荐我们的产品，其他厂家就很难导入竞品。谈大单需要时间的积淀，在基层诊所不是每个客户都有能力接受产品，需要花时间培育，才能让我们的产品深入医生的内心。

很多客户一直在等待机会，看哪个厂家的优惠活动力度大，他们就跟哪个厂家合作。所以，开学术会就需要整合政策，尽量匹配医生期望的活动政策，借着开学术会的名义尽可能谈成大单。

（5）牢固和推动客情关系。

开会的内容很重要，如果是客户不愿意听的，反而影响跟客户的客情关系，所以每次开会的内容要慎之又慎。

给新客户开学术会，建议优先导入企业的营销思路；给老客户开学术会，建议导入产品外延的知识点，最好是结合当下比较热门的特色疗法，效果会更好。

每次开会都要预留一定的时间与客户互动交流，加深彼此的感情。以开学术会为由的饭局，是很多人喜欢的方式。

换个角度来看，开学术会相当于定期和医生聚会，目的是增进客情关系。只有关系到位，我们才会被医生认可。

（6）单位时间内回款数量增加。

每个做药的人可能会涉及压款问题，做基层诊所的情况还好一点，每个业务员都能接受得了，一个月左右就能结款。利用好学术会可以加速结款，在短时间内回款，尤其是公司在“打战役”的时候，开学术会就是变相的压货会，比平时更容易上量，也更容易结款。

有时候开一两场成功的会议，回款金额就是以前半年甚至是一年的量，尤其是客情关系比较好的客户，通过举办学术会就能实现快速上量的目的。

2. 学术会推广的方向

基层诊所做学术推广真的很复杂吗？开学术会的目的是什么？如何才能在基层开出特色？学术路到底在何方？

（1）想医生所想，做医生所做。

业务员打交道最多的人就是医生，研究客户是每个做药人必须做的事。在基层诊所开学术会也是同样的道理，各个厂家都在开学术会，甚至有些厂家开会就是家常便饭，但是在“战术”落地的时候却问题不断，是客户出了问题还是开会的方式、方法出了问题？

要得到以上问题的答案，就要深思一下，每次开学术会的主题是否符合医生的需求，是否对每个区域的医生做了共性研究，是否有针对性地进行推广活动。假如以上要求都没满足，开学术会就是“闹眼子”。虽然好产品很重要，但是还要得到医生的认可，才有可能把产品销售出去。一个好产品的推广思路很关键，在做推广前，要重点研究客户的想法和目前遇到的困境，然后再做推广也不迟，推广的时候医生接受程度高，也愿意参会。

（2）不要站在自我学术的角度。

在基层诊所开学术会讲授的内容高度太高，会造成 80% 的医生听不懂，很多企业没关注这个细节，只是一味地追求学术，导致学术会效果很差。很多人忽略了基层医生的角色和诊疗水平，太学术化的内容很难听懂，甚至有的企业培训师都没有走访过市场，对终端业务和医生的需求一知半解，就上台开始讲自我学术，自我感觉讲得很深、很透，实际上没有效果，只是为了讲而讲，或者只是赢得现场医生的崇拜而已，但是医生开完会后回去还是老样子，产品依然卖不动。

太学术化的东西适合等级医疗的医生，基层医生喜欢听如何跟厂家合作赚钱和宣传诊所品牌的内容。具体讲什么还得结合产品进行系统设计，这次的培训是为了下次的培训做铺垫，不能一蹴而就。

（3）所有的学术推广都是为销售做服务。

每次开各种类型的学术会，不管是大型的还是小型的，都要结合终端业务员的需求开展，为销售做铺垫和服务。所以培训工作要做到常态化，销售就是一个日积月累的过程，学术会的展开有助于开发客户，还能促进客户进货和提升客情关系。

开学术会是培育医生最好的方式，因为平时业务员跟客户沟通交流时，客户最不愿意跟业务员聊产品，觉得业务员只是一个卖药的人，专业知识懂得比较少，所以不愿意跟业务员谈专业方面的问题。借着开学术会的机会可以组织医生集中学习，不断强调企业的营销思路，我们不仅仅卖产品，更重要的是卖用药方案，这样就达到了开会的目的。一场会议不要求医生掌握多少，只需要掌握一个知识点就可以了，当然这个知识点在市场中有共性，能够引发医生的思考，能够提高销售技能，这才是开学术会应有的价值。

（4）急功近利，目的性太强。

所有的事情都需要一个过程，急功近利对于业务员是不可取的，一定要有长期经营的思想，具体来说就是先投入后产出。尤其在客户开发和维护上要舍得投入，基础不牢固上层建筑就不可能长久，不要期望通过简单的几场会议就能搞定客户，现在的客户没有以前那么单纯，开会也不是一个简单的事情，根本原因就是现在的人太浮躁，忘记了培育客户的重要性，有时候开会现场虽然来了很多人，但是来的客户质量很一般，甚至是为了凑数，这样的会议效果也好不到哪里去。

（5）少压货或者不压货。

很少有人做到不压货或者少压货，因为很多人觉得开学术会的目的不就是为了压货？其实压货压的是自己的钱，虽然客户现场也交了钱，但是卖不出去受损失的还是自己。很多厂家打着学术会的名义大批压货，导致客户很反感开会，只要邀请开学术会，就有很多理由来推辞，这都是压货导致的结果。

开学术会要能够做到不压货或者少压货，最好让医生自己做选择。业务员们要想一想开学术会的最终目的是什么？改变医生的处方习惯，从而多卖产品。一旦向医生大批压货，他们就会拒绝参加学术会，导致产品很难导入诊所，更不用谈上量了。

很多人在思考，如果不压货或者少压货，开会的费用是不是有点多？不用担心开会费用的问题，如果一个企业决定以学术会作为主要技战术，就有方法解决这个问题，只要给同一个客户开3次以上的会议，客户肯定会要一些产品，也会按照学术会上教的方法销售。

（6）由小到大，积少成多。

在基层诊所开学术会，建议先开小型会议，人数一般5～6人；其次中型会议，人数一般50人左右；最后开大型会议，人数一般200人左右。这种由小到大的开会思路是比较合理的，只有打好基础，才能营造全国热销的学术氛围，参会医生才会有感觉、有收获，业务员也有激情做市场。

六、如何开好学术会

1. 客户的邀请

现在开学术会邀请医生参会很难，这是很多业务员最头疼的事情，尤其是以学术带动产品销售的企业，学术会越来越难操作。当然，学术会的对象是基层医生，对于做等级医疗的人来说就不一定了。

现代社会从不会缺少学术，做基层诊所的业务员该何去何从？是否还要坚持以学术带动产品销售的战术？

答案是必须要开，只不过开会的方式和方法要变，要讲究战略战术，尤其是对客户的邀约是一件非常重要的事情。有必要研究出一套邀约客户参会的流程，具体如下：

（1）提前半个月给医生预热。

基层医生的时间很宝贵，他们不一定有时间参会，必须提前半个月给目标客户“打预防针”，让他做好心理准备，同时也给医生预留充足的时间安排诊所的工作。隔三岔五地提醒医生，一定要抽时间参会，再三强调会议的重要性，必要时可以将参会人员和开会内容传达给客户。在宣传的时候一定注意细节，聊客户感兴趣的内容，例如销售技巧、诊所转型案例、诊所经营之道和特色疗法等，这样做的目的是突出本次会议的重要性，从而引起客户的兴趣。

宣传的时候切记随口一说，因为业务员的态度和表现会影响客户的心理变化。可能很多走访市场的业务员会忽视这个细节，感觉自己跟客户很熟悉，只要说一说客户就能来参会，结果可想而知。

做事一定要严谨，最好是口头和正式书面邀约相结合。口头邀约在每次拜访时进行，正式书面邀约在会议召开前两天送达，同时做好会议的铺垫工作。

（2）巧用现代工具邀约客户。

时代在变，业务员做事的方式和方法也要变，要想成功邀请医生参会，就必须用现代的工具。

1）口头多次邀请。

2）巧用微信群邀请。例如“××企业××部门在××时间××地点特邀各位医师交流学习，届时望各位名医抽空一聚，相互交流提高诊所经营水平，××期待您的到来，到时将会有精美礼品相送。”每天早晚各发一次，推送完广告后一定记得补一个66元或88元的大红包，具体金额根据群里面的人数而定，注意红包不要太小，否则会影响群里面发广告的效果。

3）手机短信。给每个客户发一条真诚的参会短信，编辑的短信最好不是群发的信息，一定要体现心意。因为现在人很少用短信交流，一旦医生手机上有短信，医生有时间就会看。

4）用电话邀请和确认。建议在开会的前一天或当天上午进行电话确认，基层诊所开会通常都在下午或晚上进行，这样可以确定参会和用餐人数，从而避免浪费。

（3）让客户邀约同行参会。

做基层诊所一定要找到当地市场的“带头人”，“带头人”就是当地有名望的医生或者医师协会的会长，尽量让“带头人”组织学术会议。只要“带头人”组织会议，可以承诺给“带头人”一定的回报，让这个“带头人”觉得做这件事情有价值。很多基层医生愿意做这件事，毕竟跟利益有关系，就看业务员用何种方式搞定关键人物。

（4）四两拨千斤。

花小钱办大事，业务员应该都懂得有投入才会有产出。开学术会邀请客户，怎样做到花小钱办大事，是一件有技术含量的事情。有的医生虽然口头答应来参加学术会，但是到底能不能来还不确定，这也是业务员最担心的事情。在基层诊所做学术推广时，一般开会的时间定在下午五点左右，可是有时候到了晚上七点才能开始，这就导致很多早到的医生等不及而离开，或者即使没离开也没有心情去听学术会的内容。这种情况在基层尤为突出，业务员也很无奈。

该如何避免这种情况发生呢？建议在开会的前一天，业务员亲自去诊所送邀请函，顺便对有车的医生嘱咐一下，顺路捎带一些将要参会的同行，顺带的同行肯定是他熟悉的医生，然后提前给用车的医生车费补贴。车费补贴一定想办法给客户，因为这是开会应有的规矩。假如有不顺路的医生，可以给打车费或让自己的同事接送。

另一个非常重要的细节，就是在开会当天早上和前一天晚上在医生交流群里发一个预祝会议取得成功的大红包。按照这个方法邀请客户参会，医生到场率一般可以达到90%以上。

2. 提前准备好物料及其他事项

（1）提前预约好开会的地点。

开会地点最好选择环境优美的地方，如郊区度假村，可以让来参会的医生能安心学习。

（2）做好安排。

提前预约好讲师和需要协助的同事，制作好政策单，订好吃饭的包间，准备好会议要用的投影仪和条幅，再准备一些互动的小礼品、纸、笔、水果和小点心。

（3）巧用学术资料。

不建议会议当天拿资料给客户，因为学术资料基本没人看，看了也是走马观花，甚至有的医生出了酒店大门就扔了。最好是第二天跟单的时候送上学术资料，业务员在跟单时可以不用准备礼品。会后跟单送学术资料绝对是一个好方法，特别是向未参会的医生送学术资料很可能再次跟单。

（4）注意穿着打扮。

开会的时候所有工作人员都要着正装，将最好的精神面貌展现给客户，会议期间不要玩手机或做其他与会议无关的事情，这非常不好，感觉把客户请过来就是讲师的事。讲师与业务员必须要相互配合才能达到预期的效果，才能跟出好单。

（5）学术会讲授内容。

建议弱化产品专业知识，强调联合用药、疗程用药和销售技巧，这些都是基层医生比较缺乏的东西，也是医生们愿意听的内容。

3. 学术会附加项目

（1）钓鱼比赛。

现场可以组织客户参加钓鱼比赛，以产品为奖品设置一二三等奖，鼓励医生参加。只要医生参加钓鱼比赛，顺便开学术会，会后再去跟单也不迟。

（2）品茶。

邀请对品茶感兴趣的客户，组织一场品茶大会，在品茶的同时学术会也开了，客情关系也得到了提升。

（3）KTV、酒吧。

这两个地方很多客户没有去过，尤其是酒吧学术营销，形式新颖，不管是年龄大的，还是年龄小的，都可以组织在一起游玩。采用这种方式去开会，会后出单率极高，客户的参会率也非常高，有时候超乎想象。

（4）打麻将或斗地主比赛。

邀请喜欢打麻将或斗地主的医生，以产品为奖品设置一二三等奖，好玩又刺激，深得基层医生的喜爱，有时候一比赛就是一个晚上，第二天基本能出单，值得在学术推广中运用。

（5）户外自助烧烤和篝火晚会。

组织户外自助烧烤和篝火晚会学术会能让参会医生有不一样的体验，让客户携家属参会效果更好。开完学术会再跟单，客户接受度很高，也愿意敞开心扉相互交流，跟客户的关系有了质的飞跃。

所以，开学术会不要太死板，不要总是在饭桌上召开，找一些好玩的地方开会效果会更好更受客户的喜爱。

4. 助力学术会的小技巧

开学术会或者圆桌会是很多做基层诊所的企业常做的事，也是做基层诊所上量最快的方法，但是在现实生活中，很多业务员就是不愿意去开学术会，觉得投入太大，即使开了也没什么效果，导致领导也很难将活动推广下去。如何让所有人都认可学术会或圆桌会，甚至让业务员自愿开学术会或圆桌会，这需要一定的技巧，蛮干只能让业务员更难受。

（1）收取学术基金。

在基层开圆桌会或学术会最担心的事就是费用问题，业务员认为高投入低产出，不愿意组织医生开会。之所以有这样的想法，是因为业务员对开会还没有信心，在行动上一直处于观望或质疑的状态。针对这一情况企业可以提取一定的学术基金，帮助业务员来开学术会或圆桌会。学术基金就是把平时所谓的上量基金换作学术基金，学术基金专门用于开会，绝对不能用作其他方面的支出。

学术基金主要来源于正在培育、将要培育或者现在正在热销的品种，从各个层级利润里面每盒药品抽取 1～2 元作为学术基金。要开会的时候，省公司、地级公司和县级公司都能拿出一定金额的钱来支持业务员，这样就不用担心费用问题，业务员开的会越多，得到的奖励也越多。

例如某省公司为了开好会议，特别制定了学术支持方案：每个终端经理每开一场学术会或圆桌会，只要每月月底前 100 盒某产品回款，省公司支持 100 元、地级公司支持 200 元、县级公司支持 300 元，这些钱都用来支持一线终端市场人员开会。这个方案最大的优势是只要业务员开一场会，100 盒某产品能回款，就能得到 600 元的学术基金。学术基金还可以用来开省级大型学术会，完全不用担心费用的问题，只要省区开大会，下面的业务员会自动邀请客户参会，能给下面终端业务员节省一大笔开会费用。

严格管控学术基金的使用权，要合理使用收取上来的学术基金，合理设计支持开会的方案，再配合每个月“战役”品种的政策，就能开好学术会或圆桌会。

（2）设计学术会或圆桌会的政策单。

每个月都要把开学术会或圆桌会的政策单提前设计出来，可以给业务员提供一个政策单模板。因为很多业务员不会设计学术会或圆桌会的政策单，特别是在培育品种的搭配上更不会设计。

这就需要领导设计出一个可调整的模板，供终端人员在实际操作过程中灵活运用。

各位业务员在开会的时候，一定要与领导共同设计好政策单。单子设计多大？怎么去搭配产品？该怎么去写政策单话术？都需要提前设计好。在基层诊所市场中，不可否认学术会或圆桌会的政策单至关重要，它关系到出单率和业务员的收入问题，开会前很有必要好好考虑一下单子的设计。

基层诊所的政策单金额一般不要超过2000元，单子可以设计三个档次，分别是999元、1399元和1999元的单子，最好把这三个政策整合到一张A4纸上，开完学术会或圆桌会让医生选择感兴趣的套餐。这样做的目的是提高出单率，医生的选择多，单子设计的金额又不高，每个来参会的客户基本都能接受。

（3）借助卫生院资源，组织医生开产品交流会。

每个地区的卫生院都会按照上级的规定，每个月组织村卫生室的医生来卫生院开会，这时候就要想办法把来开会的医生变成我们的客户，最好还能给他们做一下产品推广。

每个月可以跟负责村卫生室的负责人沟通好，每个月只需要给厂家40分钟的时间做产品宣传，所有来开会医生的餐饮均由厂家负责，这样可以帮卫生院节约一大笔费用。

利用优势资源可以节约很多的时间和精力，不用花很多时间去开发客户和维护客户，只需要一场简单的学术会就能吸引客户，而且跟单效果显著。

第五章
诊所产品攻略

一、如何深挖产品卖点

产品是每个企业的基础组成部分之一，也是开展营销活动的关键，一个好产品对一个企业来说非常重要。对于做药企业来说，药品是企业发展的基础，所有的营销战略战术都必须围绕产品属性展开。药企如何深挖产品卖点，这是非常重要的课题，好的产品卖点能促进销售，尤其是给基层医生提炼的卖点必须通俗易懂，抓住产品营销本质，不断扩大宣传力度，通过学术营销占据医生的心智。

1. 产品定位

一个好产品必须定位准确，包括产品投放的市场、消费群体、价格和学术都要定位准确。对于基层诊所，产品在投放市场前要做好调研工作，制定好产品营销策略。

（1）市场定位。

做基层诊所的企业，产品应投放在私人诊所、村卫生室和乡镇卫生院，这三个市场容量相当大，一个企业不可能做精、做细和做透，必定要有所取舍。可以从乡镇卫生院和社区诊所着手，目前很多企业对这两个市场还没有充分挖掘，还有很大的市场操作空间。近几年，随着国家对非基药产品采购的逐步放开，乡镇卫生院和社区服务中心有了一定的采购权，这对没中标的企业来说是好事，减少了导入产品的阻力，有更多的利润空间，可提供超值的性价比服务。要做基层诊所市场，必须拿下这两块“蛋糕”，特别是当地人口比较集中的基层诊所，是重点开发的对象。至于村卫生室和社区医务室，都是上面两个医疗机构的下设单位，只要开发了卫生院和社区服务中心，下面的医疗单位就很好开发，用这种方法能快速打开基层医疗诊所市场。

产品在市场上定位准确以后，就要选择合适的品种去导入，目的是通过导入品种不断打开基层诊所市场。当然，基层诊所的基数非常庞大，对于员工人数不多的药企就要有选择性地定位市场，找到企业的优势资源，才能在基层诊所市场中占据一些份额。

（2）消费群体定位。

产品定位准确以后，就要定位消费群体，结合企业的产品属性，在基层市场中找到特定的消费群体，才能实现上量的目的。在基层诊所市场中，消费群体基本都是普通群众，消费水平不太高，都抱着优质优价的心态，只要诊所药品便宜，消费者就愿意接受，这是从基层大数据方向分析得出的结论。当然，产品的消费人群也可以按照年龄、性别、适用科室等具体划分，但一定要把握好消费者心理。基层诊所在定位产品消费群体时，一定站在最底层消费者角度去思考问题，产品购买力定位的人群毕竟经济能力有限，企业要想好一套说辞，提高医生的推荐率。

高端品种不建议在基层诊所推广，因为消费水平和消费环境有限，企业高端品种会被贱卖。可在基层诊所销售一些慢性病的药品，例如心脑血管疾病用药、胃药、妇科药、儿科药，基层医生诊所需要这些产品来引流，特别是疗效确切的好产品，一定要向基层下沉，只要老百姓用着有疗效，自然会形成好口碑。俗话说得好："金杯银杯不如老百姓的口碑，金奖银奖不如老百姓的夸奖。"做基层诊所也是如此，掌控终端消费者才能稳定市场。

（3）价格定位。

价格定位在基层诊所市场中特别重要，老百姓去诊所看病，首先考虑的就是价格，其次才是疗效。虽说现在人们生活水平有了很大提高，但是对于基层诊所消费群体来说其实不然，尤其是乡镇中人口锐减，年轻人基本都去了大城市，家里剩下的都是"老弱病残"群体，这些群体的消费能力有限，就算企业的产品疗效非常确切，由于经济因素还是消费不起。基层诊所消费群体最迫切的需求是想要用便宜的药解决疼痛问题。所以，一个产品要想进军基层诊所市场，必须要权衡价格因素，不可盲目定价。

（4）学术的拉动。

基层诊所靠学术拉动，销售效果突出。开展基层学术交流会或圆桌会非常有必要，学术会开与不开决定着销量，也决定着市场的好与坏。开学术会或圆桌会能让医生加深对产品的印象，熟悉产品卖点和推销话术，能增进跟医生的客情关系。所以要高频次开会，不要指望开一两次学术会就能让医生学会卖药，目前没有厂家能够做到这种程度，这就是基层医生最“基层”的一面，需要不断地开会教育才能扭转固有思维，改变处方习惯，这也是开学术会最难的地方，耗时耗力。虽然现实情况是这样，但是学术会或圆桌会还是要开的，不开绝对卖不动产品。

2. “从群众中来，到群众中去”

做市场讲究营销策略，在基层诊所中畅销的产品并不是企业主导的，真正的主导人是基层医生，由基层医生亲自实践总结出销售技巧。他们拥有丰富的临床经验和大量的实验人群，可以通过医生的临床应用，总结出一套系统、可复制的用药经验。这些用药经验都是一些真实的治愈案例，确实有着不错的疗效，厂家只要把这些用药经验进行系统总结，然后与其他医生在学术会上分享交流，尤其是针对一些抱着怀疑态度用药和不认可产品的医生，通过真实案例让他们接受、认可产品和用药方案，从而达到让客户主动进货的目的。

例如某个厂家有一个配合肿瘤患者放化疗的中成药，刚开始在基层诊所推广时，主要推荐人群为肿瘤患者。这种按照说明书销售产品的方法很低级，医生很难将产品销售出去，即使将产品推荐出去也很难见到效果。企业觉得这款产品太高端，根本不适合基层诊所销售，产品价格又高，基层医生不敢销售，很难找到对症的患者。一般患有肿瘤的患者都去医院，根本不会在基层诊所看病，显然企业产品推广的方向有问题，导致这个产品的销量很差。

后来经过一个北京大学专家分析，这是好产品，只是推广方向有问题，企业从来没有考虑基层诊所医生的身份，只想着卖产品。最后，专家建议产品推广应从癌前病变着手，这款产品既然对癌症有效果，对于癌前病变肯定100%有效。

经过专家指点后，企业在推广时收到了意想不到的效果，该产品确实能治疗癌前病变，尤其是治疗一郁三结的疾病，效果非常确切。基层医生对于癌症束手无策，但对于癌前病变能药到病除，该产品安全、有效且利润高，满足了基层医生的需求，也符合基层医生的用药水平。于是，很多基层医生开始大力销售该产品，企业再配合做学术推广，一个月的销量是以前一年的销量。

产品是起量了，但是没有达到市场营销的要求，卖产品赚不到利润，市场会越做越小。为了改变只卖产品的策略，全国市场都在探索产品销售的方法，后来终于在山东市场上找到了答案。市场上涌现出一批优秀的基层医生，推销该产品非常有心得，在当地成为一位受人尊敬的名医。他们销售产品的思路就是按板、盒、条开处方，如高热不退、久病不愈和反复炎症的患者可以按板销售，痔疮、腮腺炎和前列腺炎患者按盒销售，肝经瘀堵和癌症患者按条销售。按照这个思维推广下去，只要基层医生有兴趣销售该产品，一个月能销售200多盒，况且这个产品一盒的利润为250元左右，卖出去一条（10盒）就能赚2500元。这样的产品在基层诊所很难找，是诊所最需要的品种，不仅服用安全、疗效确切、超高毛利，还能实现诊所转型。很多基层医生确实通过这个品种赚到了钱，在全国掀起了销售热潮，企业还专门成立了产品事业部独家营销。

通过案例可知，其实真正的销售高手在民间，基层医生才是用药高手，企业只要把医生的用药经验成功复制就能引爆市场。

实践是检验真理的唯一标准，只有从群众中来再到群众中去，才能做好产品营销工作，才能卖好产品，才能打造黄金爆品，实现年终销售目标。

3. 公司的培训工作

兵马未动，粮草先行。对于药企来说，培训工作尤为重要，尤其是对外的宣传推广工作，一个好的培训师可以起到事半功倍的作用。优秀的培训师应该具备敏锐的市场洞察能力，根据市场变化不断调整推广思路，特别是对产品卖点的挖掘，能够很好地辅助终端业务员做好销售工作。产品课件尽量一个月更新一次，紧跟市场变化情况调整相应的推广思路。

企业的培训师要研究好一个产品的卖点，就要善于学习市场经验，把别人好的经验和方法不断总结出一套理论，然后逐步向市场传递，给终端业务员提供理论和方法。

（1）以点带面。

每个产品都有鲜明的特点，培训师走访市场时就要善于观察，找出市场共性跟产品挂钩，然后总结出销售话术以点突破，产品要想培育起来就不能泛泛而谈，把某个产品的适用范围总结得很全面，这样反而不适合产品在基层推广。最好找出产品疗效最突出的病症，总结一个点推广便于基层医生接受，只有以点带面才能带动产品的销售。在基层诊所做产品推广没必要把产品说得很全面，这对于基层医生没什么作用，反而造成不必要的麻烦。如果把企业产品说得很全面，医生觉得业务员说大话，会产生排斥心理，甚至反感厂家业务员。企业在定位产品的时候一定要以点带面，不可“胡子眉毛一把抓”。例如肠胃产品就从老胃病着手去推广、心脑血管疾病的产品就从预防并发症着手总结卖点、风湿骨病就从痛症着手推广效果更好，基层医生接受程度高，也便于业务员推广。

总之，企业总结出来的卖点就要与众不同，尽可能接地气，包装好产品，找一些产品说明书的延伸点，找到产品最能显效的适应症，做好产品培训工作。

（2）销售话术。

根据市场情况，总结出一套业务员推荐产品话术，包括一句话销售，最好能给基层医生也总结一套患者推荐话术，总结的话术最多不要超过 1 分钟，简单明了、通俗易懂。在总结话术的时候，一定要考虑市场环境，不能一味地站在学术角度进行自我展示，一定要站在医生和患者的角度思考问题，总结接地气的销售话术。只有通过这种方式总结出来的话术才能打动人心，医生和患者容易接受，对销售才能起到辅助作用。

（3）多交流。

多跟终端业务员和客户交流，抓住每次出差培训的机会，了解他们的状况及困难，有助于准确地提炼产品卖点，制定培训计划，完成目标落地。培训师有时间可以跟着不同地区的业务员走访市场，不管是好市场还是差市场，只要走访总会有收获，总会发现市场的盲点，找到问题并及时解决才能赢得客户和业务员的尊重。

（4）多阅读。

阅读大量的医疗文献资料为产品卖点做理论支持，学习是日常必不可少的一项工作，每天坚持一个多小时阅读，能提高培训师的归纳总结能力，也能扩大格局，为销售工作提供有价值的信息。

4. 产品卖点的延伸

市场中从来不缺乏爆品，每个爆品提炼的卖点和推广方式新颖有高度，很多爆品以产品说明书为基础延伸卖点，挖掘产品说明书之外的知识点，能起到事半功倍的作用。研究产品时不要让说明书限制思路，尽量不要按照说明书去推广，这样会失去开学术会或者圆桌会的意义。尤其是中成药卖点的挖掘，按说明书研究产品卖点就是死穴，因为很多中成药说明书都是以现代西药的方式表述，看上去很简单，但里面的中医理论很深刻，需要将中医理论外延。例如感冒清片的说明书为“疏风解表，清热解毒。用于风热感冒、发烧、头痛、鼻塞流涕、喷嚏、咽喉肿痛、全身酸痛等症”。“疏风解表，清热解毒”是产品的功能，后面的表述是主治，研究这个产品就不要从后面着手，一定要从前面的功能做文章，因为中医最大的优势就是辨证论治和整体观，从产品的功能会研究出很多可推广的内容。甚至有时候可以将中成药产品的功能倒着读，懂中医的人会恍然大悟，找到产品的推广点。

所以，在研究产品卖点的时候一定要跳出产品说明书的限制，思维要活跃，分别从中西医两个角度去研究产品，便于在基层诊所推广。

5. 培训推广必须走访市场跑业务

没有调研就没有发言权，尤其是做控销的企业，做培训的人员不懂自己企业的运作方式和市场情况，就不可能讲好产品，也不会总结出让大家接受的产品卖点。市场是做培训的晴雨表，所有核心工作都是以市场为基础，以服务销售为目的。假如有一个讲师专业素质过硬，但是对业务员和市场一点也不了解，在基层做推广给人的感觉就是在吹牛、说大话。当然，这跟业务员和医生的水平有关，千万不要把简单的事复杂化，所有的用药经验、战略战术和销售话术只能来源于市场。

6. 会借东风

做基层诊所要学会借东风，要会包装产品，但不要包装得太过，以免显得太虚。例如给某个产品镀金可从这些角度表述：欧盟标准、进口产品、独家产品、××含量高、安全性高、专利新品、××专用药、一天一片/颗/粒、国家权威机构认证、医保产品、名人效应、专家推荐等。利用这些“东风”能取得不错的效果，在基层诊所推广时能营造一种消费体验或感受。

二、学术推广产品课件的制作

课件实质是一种软件，是在一定的学习理论指导下，根据教学目标设计的、反映某种教学策略和教学内容的计算机软件。学术推广产品课件的基本模式有练习型、指导型、咨询型、模拟型、游戏型、问题求解型、发现学习型等，无论哪种类型的产品课件，对于药企做学术推广都是推广内容与推广处理策略两大类信息的有机结合。形象有趣的产品课件使得会场不再枯燥无味，虽然在学术推广中起主导作用的是讲师，产品课件只是辅助教学，但并不代表可以轻视，制作产品课件也需要一定的技巧。大家在制作产品课件时要注意以下内容：

1）产品课件要具有可推广性，实战性要强。制作多媒体产品课件的目的是总结优化产品知识点，提高产品推广的知晓率，既要有利于企业讲师的讲，又要有利于医生的学，所以制作的产品课件要与企业推广内容有密切联系，具有指导合理用药和提高销售的意义。制作出来的产品课件推广性强，就能很好地表达会议所要重点传达的意思，切忌忽略推广的对象，做出一些很多人都听不懂的内容，课件里面最好融入企业做市场的营销思路、与客户合作的模式及合作的基点。

2）产品课件要具有易用性。开学术会的时间有限，决定了制作的产品课件必须简单易用。因此，课件要提供一目了然的推广目标、学术推广步骤及操作方法。做出来的产品课件不仅供基层医生做学术交流，还要给企业团队培训和学习，目的是要让终端业务员变得更专业，尤其是常识性问题都要知道，并适当做延伸，向专业化方向发展。不可否认，产品培训是做销售不可忽略的一部分，就像是一个能打仗的将军，不仅会打仗，理论觉悟也很高。

所以，做出来的产品课件要结合企业营销思路，整理出一套易于推广的产品课件，不仅要做好客户的推广工作，还要做好内部人员的推广工作。

3）制作多版本产品课件。在市场上做产品推广的时候，不可能拿着一个版本的课件照本宣科，需要根据客户的类型及对产品的熟知程度做调整，这就要多准备几个版本的课件，有学术性很强的课件、营销学术课件、产品简介课件、案例分享课件等多种类型。多做几个版本的课件是适应各个市场发展的需求，每个市场都有自己的特殊性，不可能都适合一个版本的课件。按照这个要求做课件的难度提高了，这时必须要到市场做调研，不然会失去推广的意义。

以上只是一些需要注意的问题，到底怎么做产品课件，做出来的产品课件是否适合基层诊所，做产品课件到底有哪些秘籍？

可能有人会说，在基层诊所做学术推广是“一招鲜，吃遍天”，但是现在这招已经不起作用了，不管是客户还是业务员，他们的需求是很现实的。业务员更关心开会能不能出订单，医生更关心某个产品怎么销售及疗效。在基层诊所做学术推广得心理强大，不然镇不住会场，加之现在做学术推广的厂家也多，做好学术推广难度系数很高。企业讲师在讲好学术的同时还需保持谦卑的心态，每场会议就当作是一次学习，用心去对待每场会议就会有不一样的效果。

每个人做学术推广，收获和感受都是不一样的，但是总的感觉是在基层做市场真心不易，客户区域跨度大，需投入大量的时间和精力。用何种方式能抓住医生的心思，让他们没有抗拒感，这与课件里分享的内容有关，课件是企业自我呈现的最好方式。要想做好一个产品课件，得有以下思路：

1）懂市场和营销。论“道”与“术”的问题，首先要解决的肯定是“道”，这涉及企业发展的问题；其次要解决好“术”的问题，这关系到企业发展的速度。“道”相当于企业的营销策略，“术”相当于企业的市场方案，懂营销有助于提高课件质量，帮企业理清发展思路，通过项目活动和营销方案跟基层医生展开合作，不能一味地强调产品，避免客户视觉和听觉上产生疲惫感。所做的一切推广工作都是为销售服务，不然会失去推广的意义。懂市场的人或者做过市场的人，在做产品课件的时候可能站位更高、思维更开阔，最后课件呈现的内容更接地气，也更受业务员和基层医生的喜欢。

懂营销和市场的人去开发课件，思路一般很清晰，重营销、轻产品是大势所趋，因为现在基层诊所不缺产品，诊所缺乏的是销售技巧和合作方案。市场上选择哪种战术、怎么结合企业产品做推广，都需要精心设计，大家在开发课件的时候一定要考虑清楚，最好放在开篇分享效果最好，能很好地带动会议现场氛围。推广某款胃病产品时，可在开篇设计企业的营销思路，给基层医生提供治疗老胃病的治疗方案，通过“胃三联”建立肠胃专科实现年收入百万，只要把开篇讲好，学术会就能取得预期的效果，跟客户的合作也会更加深入。

2）适当延伸产品说明书。开发课件的时候，里面涉及对产品说明书的解读，用何种方式给基层医生介绍产品说明书，是一个课件的关键组成部分。以前，很多厂家在基层做学术推广讲的产品课件很简单，里面包括产品功能主治、方子解读、案例解读及注意事项，开会效果也很好。但是现在不能这样设计课件内容，如果沿用以前产品课件内容，很多医生根本提不起听课的兴趣。以前基层医生没有接触过学术会或圆桌会，对开会充满了好奇，现在已经司空见惯，学术会没特色很难邀请到医生参会。现在企业在讲产品时要适当延伸说明书，但不要大篇幅地讲产品说明书，产品要想上量不能按说明书去销售。

大家可以思考一个问题：现在市场销售好的产品都是按照说明书去卖吗？答案并不是。厂家做推广时需要延伸说明书，只要抓住说明书中的一句话做文章，突出一个点做学术推广，开会效果就会很好。

例如某厂家在湖北咸宁市区召开一场产品交流会，开会地点在市区某个豪华饭店包间举办，会议现场10人左右，其中有两个有名望的医生。厂家推广产品时把一个调节免疫力的产品说得过于全面，甚至可以当作一个全科用药去使用，诊所医生的处方都可以搭配该产品。结果会议现场有几个医生当场提出反对意见，表示厂家过于吹捧产品，在忽悠基层医生。当时会场很杂乱，甚至有医生直接离开会场，会议氛围相当尴尬。

把一个产品说得很全面，反而达不到预期的效果，这个案例就可以充分说明，如果把产品适用范围说得过于全面，反而影响产品的销售。厂家在产品推广时只需要抓住说明书的一个点去延伸就可以了，方便基层医生接受，会后也便于销售。假如在同一个地方开完一场会议后，后面再去做推广，内容就重复了，造成学术内容枯燥乏味，影响会议效果。此外，基层医生的精力有限，不可能记住太多的产品知识，采用分篇开会效果会更好，这点厂家在开发课件的时候一定要注意，不要犯开会内容重复的错误，在市场中做无用功。

3）课件内容的设计。要想制作好一个好课件，课件的内容是关键，设计基层诊所推广课件要做好以下四项内容：

第一，话题导入篇。

课件的开篇设计话题导入是为了引起基层医生听课的兴趣，抓住医生的心理需求和博取医生的眼球。话题导入篇可引入一些热门话题，最好是关于基层医疗的新闻，最能引起基层医生的兴趣。话题导入部分是整个课件里面更新最快的部分，基本上每隔半个月就要更新内容，紧跟基层医疗时事新闻，增加内容的前沿性。除了设计时事新闻外，还可以设计一些基层诊所现状的话题，例如诊所如何引流快速赚钱、诊所转型案例、如何合理提高门诊量话题都是基层医生感兴趣的话题，就设计的内容展开讨论，为后面课件设计的内容埋下伏笔。

企业培训者必须时刻关注医药新趋势，多阅读一些医药时事新闻资料，有助于丰富第一部分的内容。特别是市场部的人群，更应该关注医药发展趋势，以开拓格局为市场出谋划策。例如关注一些权威微信公众号，或者阅读一些医药方面的知识，改变思想观念，把好的知识点摘录出来，然后整理到推广课件开篇，增加课件的权威性和吸引力。

第二，产品说明书简介篇。

在基层诊所做学术推广，产品说明书是课件必须要设计的内容，也是开会必讲的内容，可放在课件的第二篇分享，用10分钟左右来介绍产品功能主治及处方的解读。第二篇设计的内容尽量简单一些，便于基层医生学习，再根据参会医生的水平，可以适当延伸一些专业知识。课件产品说明书的解读可以从中医和西医两个角度剖析，这样设计便于基层医生理解，课件推广适用的人群也比较广泛，不管是学西医还是学中医的医生，都能理解产品说明书，并适当延伸。在课件产品知识延伸度上不要过度，以免造成基层医生听不懂的尴尬局面，影响学术会的推广效果，进而影响产品销售。

第三，治愈案例解读篇。

治愈案例解读篇应放在课件的第三部分，这样设计是为了验证产品疗效，只要按照上面第二部分推广的内容去销售，就能达到预期的效果。课件里的案例一定是治愈案例，不要放见效或显效的案例，目的是增强客户的信任度、产品疗效的说服力。案例分享部分是整个课件的重点，所以案例的质量很重要，不是所有的案例都适合，必须是治愈案例，不然会失去分享案例的意义。对基层医生来说，只要是药品都有确切疗效，但真正治愈某类疾病的产品少之又少，特别是在治疗疑难杂症方面，可以多分享一些治疗疑难杂症的治愈案例，引起客户销售产品的兴趣，增强客户销售产品的信心。

在分享治愈案例篇的时候一定带有情感，只有融入感情去分享治愈案例，才能打动客户，实现情感营销。很多厂家的讲师在分享案例时给医生的感觉是“干巴巴的”，没有任何感情色彩，只是为了讲好故事而已，甚至会引起一些参会医生的反感。案例分享需要一定的功夫，最好把课件里面的案例背下来，讲课的时候能够脱口而出，再增加一些情感，能让会议现场气氛达到高潮。课件里面的案例最好是本地市场上的案例，这样更有说服力，讲师再“晓之以理，动之以情”，医生也许会主动下单体验产品疗效。

第四，合作方案、政策篇。

合作方案和政策篇是课件结尾所要设计的内容，可以把公司最近的战略及合作方案进行宣讲，引起医生的注意。当然，每个企业的合作方案都不一样，有的企业是通过打造一方名医来合作；有的企业是通过建立特色专科来合作；有的企业是帮助客户提高诊疗技术来合作；有的企业是帮助客户进行仪器援建工作。课件所设计的合作可以多种多样，呈现差异化，每个市场可根据实际情况对合作方案做微调，来提高出单率。这部分内容十几分钟要宣讲完毕，便于后面业务员现场签单，跟客户私下交流合作方案及产品政策。

每次开会制定的政策最好由讲师宣布，这样做的好处是告诉医生：业务员无权干预产品政策，只有公司总部才有权给政策，业务员只是企业的普通员工，在给医生政策方面无能为力。产品政策和合作方案要提前规划出来，根据参会新老客户的群体进行设计，避免临时抱佛脚。只要单子设计得合理，这部分内容就是拉单环节，就看业务员用何种方式去跟客户沟通，尽最大努力拿下大单，实现合作共赢的局面。

4）内容的丰富性和灵活性。通过上面四个篇章的设计，课件的基本框架结构已经清楚了，但是课件还是不饱满、缺乏灵活性。企业开发出来的课件一定有别于其他厂家宣讲的东西，不能照搬别人的东西，以免课件缺乏核心竞争力，所设计的课件可增加很多素材来丰富课程内容，提高开会效率。

第一，临床文献。

产品临床文献只是一个展示环节，让下面的医生或业务员心里明白，自己操作的产品不是一般产品，必须通过学术交流才能有更深刻的了解，是展示企业专业性的最好手段。有了临床文献索引，就有充分的证据来论证前面课件所分享的案例，只要产品课件里引用临床文献，在基层推广临床产品就有很大优势，企业可以在这方面多做文章，以显示产品的疗效。

第二，视频资料。

课件里面可以穿插一些视频资料，如科普类的视频，或专家教授的讲座，甚至是采访医生用药经验视频和患者用药感受视频，放视频资料可能更有说服力，会议也不会太枯燥乏味。

第三，趣味性的问答。

目的在于活跃会场氛围，调动参会医生的积极性，最好在会议现场准备一些小礼品。尽量设计开放性问题，可围绕产品知识设计，提高产品熟知度。

第四，现场实验环节。

根据产品的特性可以在现场插入一些实验环节，如证明药物的溶度、口感及市场上竞品的比对，这个环节只需要说明厂家产品的优势就可以，切忌贬低和诋毁其他厂家的产品。如果企业想导入特色诊疗技术还可以在现场进行诊治，可以是医生本人也可以是医生带的患者，在会议现场进行体验。设计现场实验环节目的是为了增强课程的实战性，增强医生的参与度和信任度。

第五，销售方法的总结。

做全省或全国市场的企业，一个产品总会有卖得好的医生，如一般客户每月销售产品 1 件，但有的客户就会销售 10 件，企业可以总结一下一个月卖 10 件产品的方法，然后在全国或全省推广销售技巧，让更多的医生学习，提高销售产品的能力。

第六，总结辨证论治和联合用药。

中医最大的优势就是辨证论治，对于中成药的学术推广要做好辨证论治工作，最好还能跟诊所常用品种关联用药，更能深得客户的欢心。在分享产品适应症时要辨证论治，不同的病症关联不同的产品，提高医生用药水平和客单价。针对现在疾病的复杂性，有时候无法通过单方达到治疗效果，必须通过关联用药才能达到预期的疗效。如表 5 – 1 所示。

表5－1　关联用药

甲状腺结节			
序号	类别	症状	处方
1	肝郁气滞型	面色晦暗，烦躁，易怒，舌质红，瘀点，瘀斑，脉弦涩，尤其伴有月经不调、乳腺增生结节患者	××＋夏枯草膏＋木香顺气丸
2	肝胆湿热型	颈部肿块疼痛，颈前胀闷，憋气，咽部异物感，伴畏寒，午后发热，多汗，头痛，口苦喜饮，疲乏，舌红苔黄，脉弦数成数，女性患者出现黄臭白带	××＋夏枯草膏＋金钱草片
3	肝热痰湿型	颈部肿块，头晕多梦，痰多而稠，疲乏，舌质红，苔黄腻，脉弦，带黄	××＋夏枯草膏＋内消瘰疬丸＋金钱草片
4	肾阴不足型	颈部肿块，腰膝酸软，耳鸣，失眠，盗汗，乏力，舌红少苔，脉沉细，尤其伴有妇女月经提前患者	××＋夏枯草膏＋六味地黄胶囊
5	脾肾阳虚型	颈部肿块，乏力，面色泛白，气短，懒言，头晕目眩，四肢不温，纳呆，腹胀，口淡无味，脉缓或沉迟	××＋夏枯草膏＋刺五加颗粒

从表5－1可发现在治疗某类疾病用辨证论治效果更好、疗效更佳，也深受医生的喜欢，基层医生也能从会议中学到很多实战性东西，哪怕是学西医的医生只要按照上面的症状下药也可以达到治疗疾病的效果。把产品通过辨证论治关联起来，方便基层医生理解和运用，操作起来更加简单和方便。

第七，理念销售。

理念销售在市场中就显得比较高级，很多基层医生之所以卖药能力差，主要原因是销售理念跟不上市场变化，很多基层医生还停留在卖药阶段，跟患者打交道的时候只是一味地强调某个产品的优势，只是在给就诊患者推荐药，没有进行市场营销。要实现市场营销，就要给患者推荐产品××疗法或联合用药治病方案，由卖产品上升到卖技术和理念的高度。理念营销跟传统的推销方法有本质区别。现在是大健康时代，患者关注的点跟以前不同，这要求医生不仅会“卖药看病”，还要学会“卖方案和疗法”，这个要求有别于传统理念营销，能提高患者的接受度，给患者的心理安慰更强一些。

以上是关于针对基层诊所开发产品课件的具体内容，企业在制作产品课件的时候就要深思熟虑，做好市场调研工作，设计好课件内容，争取把最好的内容呈现给基层医生。产品课件在推广工作中是必不可少的工具，当然一个好的产品课件也不容易开发，需要搜集大量的产品学术资料，课件的框架结构设计很关键，课件的框架结构是学术推广会的灵魂。一个产品课件的好与坏是要经过市场中实战才能检验出效果，只要得到医生和业务员的认可，就是一个实战的好课件。课件开发出来以后还需要不断地打磨和更新才会适应市场发展的需求。总结好市场实战经验，在课件里呈现，课件里呈现的内容最好记下来，分享产品课件就会游刃有余，PPT 只是一个教学的工具，能否开好学术会主要看培训师。

三、如何让客户喜欢你的产品

客户喜不喜欢产品主要看产品营销思路，产品在诊所如何上量是做业务员最关心的事，业务员之间交流最多的话题就是产品问题。如何让医生用自己厂家的产品，少用其他竞品是业务员最头疼的事情。一旦找不到解决问题的方法，很多业务员就开始抱怨产品价格贵、不好卖，或者抱怨诊所类似的产品太多，医生不愿意去销售，甚至有的业务员抱怨产品毛利低，医生喜欢销售一些高毛利产品，找一些冠冕堂皇的理由来应付和拖延上级领导。

很多人遇到其他厂家竞品就会自乱阵脚，总是分析自己产品的缺点，抱怨自家产品的不足，越想越心灰意冷，从而不愿意主动销售产品，一直在观望其他同事，看能否做好市场和拉动销量。要想销售好产品，就要说服自己的内心，要相信自己厂家的产品，才能说服诊所医生主动销售产品。

一个产品销售得好坏与产品的属性、价格、竞品有一定关系，但是主要影响因素是产品营销思路。产品在基层诊所如何销售，首先要教会业务员销售产品的方法，其次再让业务员在走访市场过程中教会医生销售产品的方法，最后配合好医生给患者推荐产品。一个企业的营销思路是否落地，跟业务员和医生的销售水平有很大关系，那么，在基层诊所如何打败竞品，让基层医生都会用和喜欢用自己厂家的产品呢？

1. 产品推广要征服业务员

一个产品要想在基层诊所销售得好，必须要有终端业务员去维护，业务员在销售过程中就显得特别重要，他们是一线市场的战士，所有的战略战术都要通过业务员去实施。所以，产品推广首先要征服企业的业务员，让他们觉得产品好卖，然后教医生去卖产品。

好产品是夸出来的，但是不能向基层医生乱夸产品，一定要做好业务员的培训工作，普及产品知识和卖点，要求每个业务员必须倒背如流，并适当学习一些产品外延的知识点，扩充业务员产品格局，提高业务员的专业性。在熟悉产品的基础上再学习一些推荐产品的销售技巧，能让业务员从容面对基层医生，自信应对竞品厂家的挑战。只要业务员相信产品，在给基层医生推荐的时候就会有很大的心理优势，最起码在专业性上是优于竞品的销售人员，能跟医生聊共同的话题，让业务员和医生处在同一频道，减少沟通的阻力，增强客户对业务员的信任度。在基层诊所推广的时候要把产品卖点或销售技巧转化成通俗易懂的语言去表述，让更多的人能听懂，这跟基层医生专业水平有关，尽量站在医生角度说话做事，提高医生对业务员的好感，以免影响推广效果。

一个产品怎么销售出去才是业务员最关心的问题，这个问题涉及他们的切身利益。假如总部总结的产品知识和卖点都处于理论阶段，就很难达到预期的效果。理论毕竟无法产生经济效益，实践才是检验真理的唯一标准，一个产品的操作思路就是业务员赚钱的法宝，也是打败竞品的最好的手段。

一个产品在市场上销售肯定会遇到很多竞品，只要有产品的营销思路，有具体操作产品的落地方案，就不怕被其他厂家的竞品打败。要想卖好产品，就要分配好企业层级利益和客户利益，还需要终端业务员走访市场，维护跟客户的客情关系。业务员在平时拜访中就要跟客户交流产品销售方法和企业合作方案，多教医生一些推荐产品的技巧，让医生更加有信心销售产品。

除此之外，还要了解市场上的一些竞品信息，包括价格、渠道、利益和销售思路等，这样做就更有针对性，能合理分析市场环境，便于业务员跟客户沟通合作事宜。业务员走访市场的时候就会有方法，遇到问题会解决，自然就有信心做好产品，提升销售业绩，从内心深处认可产品。在市场上遇到竞品也不会慌张，能从容面对其他厂家的竞争。产品的价格、渠道和操作思路都可控制，只要解决好企业内部的问题，再去解决客户外部的问题就简单很多。

2. 多教基层医生销售产品的方法

经过上面分析，虽然业务员所操作的产品的竞品很多，但是医生的利润点有些产品满足不了，尤其是做广告的产品，大部分利润都投资在广告宣传上，导致客户的利润很低，广告产品是很多基层医生最不愿意去卖的品种。但不卖广告品种又不行，因为有患者来诊所点名要广告产品，医生卖了又没有多少利润，造成进退两难的尴尬境地，很多医生也开始寻求广告产品的替代品，高毛利的替代品更能博得医生的喜爱。假如企业有广告产品的竞品，可以跟诊所医生谈合作方案，只要产品毛利高，就很容易在诊所导入产品。

企业将产品导入诊所后，还要教医生销售产品的方法，这点在基层诊所表现得尤为突出。很多医生虽然进了货，但是缺乏销售技巧，导致产品一直积压在诊所，给医生造成很难销售的错觉，从而转向销售其他产品，甚至到了近效期有退货的风险。要想做好基层诊所业务，就要解决好医生销售产品的问题，最好的方法就是教会基层医生卖药的技能，提高跟患者的沟通效率，进而提高医生的客单价。

（1）诊所医疗器械助销售。

在诊所，很多医疗器械可以帮助基层医生销售产品，前提是诊所具备的检测器械必须跟企业产品相关联，只要患者想检查身体，就不用去医院排队做检查，在基层诊所就能轻松检查，而且检查结果可以作为医生判断病情的依据。给医生诊所配备的医疗器械，必须要跟企业产品有所关联，只要患者来诊所做检查，出检查报告就能推荐企业产品。假如所检测的器械确实很准确，就可以辅助基层医生销售企业产品，提高诊所硬件设备，增强诊所在当地的影响力。

目前很多基层医生诊所里面缺乏医疗设备，在“互联网+”的时代，诊所该具备的医疗器械还得具备。只要诊所愿意引进医疗设备，企业还要教会医生使用检测设备辅助提高诊疗技术，帮助医生提高销售能力，一旦诊所生意有所改善，医生自然喜欢用业务员的产品。现在业务员跟医生是一条战线的“战友”，要想合作共赢，就要尽可能多地提高企业的服务价值，增强跟基层医生的黏连度。

（2）多组织医生活动。

要想让医生主动推荐产品，就需要改变医生的处方习惯；要改变医生的处方习惯，企业就必须多组织丰富多彩的活动，不断加深客情关系，进而给医生灌输销售产品的技巧。虽然企业在市场上的竞品很多，尤其是心脑血管方面的品种，但只要跟医生关系好，他们还是很喜欢用业务员推荐的品种。在导入品种的时候就要组织各种学术活动，在潜意识里不断植入企业产品的运作模式，再通过各种大型学术会议营造热销氛围，让参会医生明白“产品很好销售，只是缺少卖产品的技巧”。

组织医生活动不仅局限于学术会，还可以是新老客户答谢会、聘请专家的专题讲座、旅游、自驾游、美食品尝节和事业部周年庆等一系列的活动，通过高频次活动来改变医生的处方习惯。

（3）结合特色疗法切入产品。

很多人走访市场还在“卖产品”，把所有的工作都集中在产品上，然而现在简单的买卖产品不可能走太远，企业一定要向卖思路和卖方法转变。特色疗法是切入诊所产品最好的手段，基层医生通过引进特色疗法来提高看病水平，提高诊所的影响力，打造医生个人的品牌，销售药品只是附带的动作。只要企业的产品跟引进的特色技术完美结合，就可以让同类竞品黯然失色，基层医生也愿意销售合作产品。结合特色诊疗技术实际上是帮助医生做生意，通过引进的技术和产品满足诊所的需求，满足患者看病的需求。

依靠“技术＋产品”可以让医生的口碑好很多，诊所的回头客也会变多，诊所周围辐射的范围也会变大，有的患者会主动来找基层医生看病，只要诊所客流量增多，加之医生主动去销售，上量就是分分钟的事。只要给基层医生足够的利润空间，医生很愿意使用合作厂家产品，实现诊所转型升级，打造基层特色专科诊所。

（4）多总结销售话术。

可能很多人抱怨自己做的是基药和普药，没多少利润空间，鉴于这种情况，企业可以从产品的卖点做文章，最好总结出一套营销话术，让医生给患者推荐药品时使用，提高医生的销售技巧。很多医生虽然医学原理懂得多，但是在最后推荐药品时就出现问题，很多顾客不愿意接受医生开的处方。企业要多探索产品最突出的适应症，然后根据突出的适应症进行销售话术总结，最好在实战过程中运用。

3. 必要的压货

要想医生多用产品就需要让诊所进购产品，进行必要的压货，所压的货尽量在医生的承受范围之内，保证医生不断货。业务员要勤送货，不要给其他厂家可乘之机，一旦诊所里面有了某厂家的产品，医生进购同类产品时会很谨慎，只要维护好客情关系，基层医生还是非常愿意跟熟悉的厂家合作的。

四、医生抱怨产品价格贵、不好卖怎么办

1. 对症用药与药品安全可靠才是关键

业务员去拜访客户的时候没有哪个医生说产品不贵的，哪怕是很便宜的小基药和普药，他们也嫌贵、卖不动或不好卖。“贵”是现在基层医生的口头禅，也是拒绝厂家业务员最好的理由之一，其实仔细想一想，我们的产品真的贵吗？假如真的贵，它贵在哪里？

产品在基层诊所能够操作，说实话真不是价格贵的问题，最根本的问题是操作思路不恰当，贵是相对而言的。假如一个感冒发烧的患者，医生本来用“枪”可以解决，但是非得要用“炮”来解决，这样患者就会感觉到贵。什么样的病需要什么样的药，一定要匹配，不然医生和患者都会感觉产品太贵。

例如一个有关治疗心脑血管的产品，它的零售价大概是200元，可以服用4天。很多人觉得这款药太贵了，很难在基层诊所

销售，其实产品并不贵，只是很多业务员的心里觉得贵，医生和患者肯定不能接受，从内心就否定了这个产品。很多业务员只是关注产品的价格，没有关注产品的其他附加值，总是站在医生和消费者的角度考虑问题，所以觉得产品很贵，不适合在基层诊所销售。按照上面产品的价格来算账，消费者一天要花费50元，看上去患者很难接受，医生一定在考虑怎么销售产品。一天50元治疗头疼、头晕，只要有疗效，试想患者能接受吗？答案是肯定能接受，因为在基层很难找到这样的产品，疗效确切又安全，只要患者能够接受，基层医生肯定能接受。

一个产品在基层诊所卖得好不好，基层医生接不接受价格不是想出来的，是实战出来的，要做好药千万不要把简单的问题复杂化。产品能否在基层诊所推得动，关键是业务员信不信自己的产品、喜不喜欢自己的产品，就像父母喜欢自己的孩子一样，没有父母说自己孩子不好的，不管别人如何评价，父母还是相信自己的孩子将来能够有所成就，只是需要一定的时间和过程来培育。

所以，产品贵不是根本原因，最根本的原因是业务员自己没有说服自己，处于徘徊犹豫的状态。客户只看毛利和疗效，贵是相对而言的，特别是会销售产品的医生从来不觉得贵，因为贵有贵的道理，只需要用产品疗效说话。

2. 客户对产品了解不深

客户对产品并不了解，只是凭着感觉评价产品，很多医生觉得大部分产品不好卖，甚至有些医生只看说明书卖药，根本不了解产品说明书外延的卖点，更可怕的是有些基层医生连说明书都不知道，只是听同行说某个产品效果不好，以点带面说某个产品的不足。尤其是临床上下来的产品，企业不做学术推广，很多基层医生真的不知如何去销售，一旦遇到几个患者拒绝医生的推荐用药，就觉得某个产品很难卖，向业务员抱怨产品价格高等。

假如遇到这种情况，业务员跟客户要交流推荐技巧及适用人群，推荐的处方是否合理，是否按照学术推广的内容传达？有些客户虽然拿了货，但是从来不销售产品，每当业务员去拜访的时候总是以卖不动为由，甚至有些医生都不知道产品长什么样子，把产品放在仓库里，从不拿出来销售。这样的客户肯定是不愿意销售产品或者根本就不会销售产品，他们内心深处觉得产品很难销售，总是喜欢抱怨。

客户对产品的了解程度，不是简单开几场会议就能解决的，需要业务员督促医生用产品，一旦有了回头客会增强医生的用药信心，进而学习和研究企业的产品。所以，产品到诊所后，业务员就要想办法让医生尽快卖出去，消除医生对业务员和产品的误解。

3. 客户销售产品缺乏技巧

对做诊所的企业来说，关键是如何让医生销售产品、如何改变医生的处方习惯。

在现实生活中，为什么有的医生连一板药都推荐不出去，有的医生还要跟患者讨价还价，有的医生一推荐就是1盒甚至更多。出现这种现象难道是医术问题？其实最根本的问题是推荐技巧，随着患者健康意识水平的提高、信息和交通的便捷，患者看病时就会有所选择，尽量会选服务好和水平高的诊所，不会存在地域限制问题，诊所生意都不会太差。

靠医生一个人不可能完成销售任务，因为有的医生性格内敛，不擅长交流沟通，业务员一定要想办法多跟医生交流经营诊所的思路，尤其是与患者沟通交流的技巧，平时在拜访客户时要传达给医生，引导医生改变思想观念，提高医生销售产品的技巧。

4. 企业不卖产品，卖的是治疗方案和疗法

假如业务员在跑业务时候遇见客户说企业产品的缺点，抱怨产品价格贵时，业务员是否考虑过推荐治疗方案和疗法。业务员完全可以不推荐产品，而是提供经营思路和方法，这些经营思路和方法是诊所老板欠缺的东西，他们不可能拒绝合作方案。只要不给医生大批压货，很多基层医生还是很愿意合作的，跟厂家共同应对复杂的医疗环境。这样可以拓宽诊所的诊疗范围，增加收费项目，增加诊所的特色来提高人气，进而稳固老顾客。

5. 提供优质的终端服务

做诊所就要有一定数量的基层诊所，还要给基层诊所提供优质的终端服务，服务项目有产品服务、动销服务和其他方面的服务。现在做基层诊所的厂家越来越多，竞争白热化，导致医生选择合作对象时也是有条件的，在很多产品里面优中选优，无论客户怎么选择，客户最根本的需要不是产品而是诊所的经营思路。

终端服务不能提升，客户对企业业务经理没有印象，就更不用提产品销售了，所以客户抱怨价格贵是正常现象。针对基层诊所营销思路最好是设计一条龙服务，这就非常考验业务员的能

力，看能不能把简单重复的事情做得跟别人不一样。

6. 注意同类竞品

有时候医生抱怨价格贵，也会从同类竞品的角度思考问题，遇到这种情况业务员如何从容应对呢？

首先不要排斥、贬低同类竞品，存在即合理，产品贵不是问题，问题是自己的产品贵在哪里。要解决产品贵的问题就要结合产品和营销思路给客户解释，可从经营思路、优质的服务、利润空间、产品质量、本区域销售好的客户举例说明。

综上所述，医生抱怨价格贵、不好销售，业务员有方法从容应对，要学会辩证地看待问题，不能以点盖面、以偏概全，合理分析内外因，找到问题的根源和解决方案，为销售做好铺垫工作。

第六章
诊所团队攻略

一、高效打造营销团队

团队，指在一个组织中，根据成员工作性质、能力组成各种小组，参与组织各项决定和解决问题等事务，以提高组织生产力和达成组织目标。基本上小组是组织的基本单位，各种小组的形成，若是成员能力具有互补性，形成异质性团队，其效果较佳，因为可从不同观点讨论，激发更有创意或独特的问题解决方式。而团队建立适当与否，直接影响团队管理成效。

团队是现代企业管理中战斗的核心，几乎没有一家企业不谈团队，好像团队就是企业做大做强的“灵丹妙药”，只要抓紧团队建设就能有锦锈前程。但什么样的团队才算好团队，怎样才能运作好一个团队呢？许多企业管理者不甚了然，于是在企业团队建设的过程中就出现了许多弊病，例如从理论著作中生搬硬套到团队运作，这样很难建设好团队。任何理念都不能执着，执着僵化就会蜕变为形式主义，后果很糟糕。在如今很多企业管理者热火朝天地进行的团队建设中就存在这个问题，将团队作为企业文化建设至上的准则是不恰当的，是不符合多元化的现实状况的。

一个优秀的企业管理者，应该怎样管理员工？道理很简单，那就是要给员工创造一个充分利用自己的个性将工作做得更好的条件。不一定什么都要团队化，避免死板。压抑个性就是压抑创新，团队需要个性，企业管理者在团队建设的同时要遵循一个原则，不能压抑员工的个性。在团队内部，企业管理者要给员工充分的自由。

企业管理者应该解放思想，要有多元化的思维。不同的企业，团队的性质也不一样。要量体裁衣，建设符合企业内在要求的团队，要灵活变化，别搞一刀切。如果该企业是劳动密集型企业，可以建设一个高度纪律性、组织性的团队；如果该企业是知识密集型企业，就要以自由主义管理员工，建立一个人尽其才的团队是最重要的，千万别让团队束缚住员工的头脑，当然应该有的纪律和合作必不可少。如果企业既有创造型员工也有操作型员工，可将团队建设重点放到操作型员工身上。

做第三终端诊所的团队该如何去管理也是一门学问，管理的好与坏最突出的表现是回款。现在大部分做第三终端的上级领导基本是从业务转过来的，业务能力很强，但是管理能力很差，粗放式管理员工，甚至对员工没有约束力。想想当初建立团队的初衷是什么？不就是把很多有共同志向的人聚集在一起，为了做好第三终端市场，赚取更多的利润而建立团队，毕竟第三终端的市场是很大的，两三个人不可能做起一个市场，尤其是对于现在做药的人来说，团队的打造尤为重要，没有自己的队伍就很难实现质变，很难执行战略意图，也很难保证回款数量，这就是现在很多招商企业在逐步转型的原因。随着国家管控的升级，以前老的模式和套路不能适应国家的发展，仅靠一点差价利润很难发展，有的商业医药公司甚至是处于亏损的状态。

建立第三终端的团队是现实所迫，随着人力成本投资的增加，在第三终端没有人去开发和维护很难实现上量的目标。另外，做第三终端市场的波及面很广泛，市场的跨度很大，也比较分散，如果没有团队是很难发展的。既然有自己的队伍这么重要，要建立一支什么样的队伍，怎么去管理队伍？这是很多做药上层比较头疼的问题，如果按照以前做业务的思路去管理，显得我们的思路很窄，眼界不够开阔，甚至业务员会觉得领导无能。假如按照现在管理的思路去管理，又缺乏管理的模式和思路，领导又不善于学习，只会按部就班，死板硬套别人的发展模式，这样的团队可能缺乏活力和创造性。

做第三终端的上层领导（地总、省总、事业部老总）可能有一个感觉，就是团队不好建，建好团队也不容易带，容易出现兼职、自营和优秀员工的流失等情况。因为现在大部分企业采用的是三级或四级管理机构（事业部、省办、地办、县办），大包制模式来运营市场。招上来的人基本拿的是层级价格，上面的机构对下面几乎没有约束力，市场上的人员很自由，就看自律性如何。很多领导已经认识到了这个问题，也有很多上层领导有意识地改变现状，提高团队的战斗力。当然现在市场上也有很多这样的咨询机构，专门为企业的执行力、薪酬体系、团队构架来打造。

管理一个团队，上层建筑是非常重要的，也就是所谓的高层领导必须要统一，目标要一致。只有上面的人达成一致，才能运作整个市场，不管是一个省还是全国市场都是一样的道理，只有心到一起了才会有凝聚力。

第三终端的销售团队管理就是关键的话题，一个好销售团队的管理跟企业的文化输出有很大的关系，还需要多花费时间去了解和帮助下面的员工，更重要的是在一起工作的愉悦感和成长。

1. 培育狼性文化

市场是一个大浪淘沙的过程，适者生存，没有敢拼、敢闯和团队的精神很难在市场上立足，这就需要打造样板市场，树立榜样标杆，让团队里面的人都明白，跟着企业是能够赚钱的，能够实现人生价值，只是需要一定的时间和精力，要有吃苦耐劳的精神，目标要坚定，不能“三天打渔两天晒网”。这也是现在很多做第三终端诊所的业务员的一个痛点，觉得别人做市场如火如荼，自己做市场难上加难、无所适从。成功的人背后都有一段痛苦的过程，不能轻易取得成功，目前做诊所的不是几家厂家，平时去诊所拜访的业务员的人数甚至比患者还要多。想想客户为什么跟我们合作，合作的基点是什么？最根本的东西还是看“为人”，看业务员是否有狼性精神，能否坚持自己为人处世的原则。

狼性文化不仅仅要求一个人“厉害”，而是整个团队是否为了共同的目标，一直坚持不懈协同作战，不断扩大第三终端的市场份额，尤其是有效客户的开发和维护，是业务员做好业务的核心。当然这种文化的植入不是一时半会就能做到的，需要企业在平时的管理工作中导入，尤其是平时的培训工作，不仅仅是销售技巧的培训，更重要的是传达公司的理念，团队协作方面的培训是必不可少的。其实，培训是一个激励的过程，业务员主要以内训为主，培训应该长期坚持、系统化地做。

文化的力量是很强大的，想想业务员现在在市场上开发诊所市场靠什么去支持，假如公司没有一个好的企业文化，没有狼性的特质，很难在第三终端诊所做出业绩。所以，做销售没必要天天“打鸡血”，打多了反而不好，但是必要的“鸡血”还是要打的，这样业务员才会有信心，激励他们去开发市场，完成既定的销售目标。

做市场是一件很苦的事情，没有哪个业务员会说做业务很轻松快乐，尤其是走访基层诊所（村卫生室）的业务员，时间和区域跨度大，必须投入大量的时间和精力，当然金钱投入是必不可少的，没有一颗强大的内心是无法支撑下去的。有时候业务员在基层走访市场，感觉身心疲惫，这就需要有人指导，如何才能突破心理障碍？参加省公司或事业部组织的培训会，就是一个非常不错的选择，能够振奋人的精神，不仅能够交流学习，还能够找到做市场的方法，更重要的是建立自信心。心态决定结果，做不好业务除了客观原因外，更多的还是主观原因。

2. 既定目标上墙

既定目标上墙的意思就是把年初时自己规划的目标写到公司开会的墙上，便于平时激励自己。有时候业务员的目标很模糊，不知如何才能做好市场，也没有跟上级领导反馈，总觉得有代沟，产生一些没必要的困扰。目标上墙可以让自己的目标更加清晰，如果自律性强，可以细分到每天、每周、每月，看与自己的目标差距有多大，该如何去实现，用何种方式去做，这些都时刻提醒着业务员。有没有做好，有没有做到，自己都能看得一清二楚。这里的目标可以是回款数、有效客户数、团队人数等，按照自己市场的实际情况规划。目标上墙让业务员时刻明白自己的目标，无形中促使业务员朝着自己的目标默默努力，也有助于团队的数字化管理，有助于每个月理清突破的方向。

3. 做好团建工作

团队的建设工作可能是大家一直在做的事，但是缺乏方式方法，造成团建的时候钱也花了，但是没有起到建设的作用。团建工作要有个性化，根据团队里面人员的组成情况来开展，也应该投入一定的时间和精力，大家在一起共事除了金钱外，更重要的是情感关怀，不能一味地强调工作，不管开什么会都是工作，管理很死板。尤其是对于现在的员工来说，情感关怀更重要，能不能跟着企业好好干，就看领导是否能抓住业务员的心，管理其实是管心，心在一起则团队强大。

如果遇到不会搞团建的领导，可能员工会觉得领导不够关心自己，只是把自己当作一个打工者，没有一种归属感。说到归属感，现在很多做控销的企业最应该做的是提高一线市场人员的福利。很多企业领导认为业务员跟着企业做事就是为了钱，觉得不赚钱肯定要离职。这是因为企业没有可以让业务员留下来的理由，所以团建工作非常重要，但是现实生活中很多上层领导却忽略了这一点，没时间去跟员工相处交流，导致工作效率低下。

不管做什么事都需要人才，尤其是优秀的人才，如果没有情感关怀，工作就失去了激情，只是为了上班而已，加之现在生活压力也很大，企业也是员工依靠的一个港湾。如果上层领导忽略这个事情，团队中很可能出现一些死气沉沉的现象，员工也不会感恩。

具体团建的项目因人而异，因为每个企业的员工组成不同，所以活动形式可以多种多样。定期搞团建工作是一件好事，能够解决很多工作问题，尤其是消极、负能量的心态，只要员工的心态变好了，也会以更加积极的态度投入工作。

4. 乐于分享、交流

华为老总任正非曾说过："一个企业最大的浪费就是经验的浪费。"一个战术是否落地不是上层领导说了算，必须要经过市场中实战的检验，不是领导有多聪明，而是领导会总结经验，并乐于分享给员工，推动员工成长和发展，把诊所业务轻松做起来。

在做基层诊所的时候，也需要乐于分享和交流经验，尤其是运作全国市场的企业，做得好的市场肯定有好方法，这时候一定要做好交流、分享工作，最好是总结一套全国可以推行的战略战术，大家只需要按照这个方法执行就可以了。在分享交流的时候也不要有所保留，毕竟要想做好一个市场，靠个别区域是很难实现的，只有全国或者全省都实践起来，才会有热度、有氛围，对于业务员和客户才会有很大的影响力。具体怎么交流，这里建议采用"周总结""月总结"的模式，市场部可以下发关于各地市场搜集的经验，或者搜集战报，让做得好的市场积极分享成功的经验，看是否具有可复制性，一起交流探讨做好市场的好方法。

做市场讲究的是灵活性，所以企业对于终端市场的管理应灵活多变，不能按部就班或者墨守成规，所有的市场经验都来自一线实践。经验的传授和总结是企业做市场管理的重点，上面领导虽然不走访市场，但是要善于总结，还要善于传达给其他的业务员，能够把这种间接的经验传授给他人，也是一种能力，能为市场做服务。这样的管理者，业务员非常欢迎，这也是一个真正的管理者应做的事情。

现在是一个开放的社会，企业需要走出去交流经验，学习别人的优势，甚至可以引进别人的模式，只要做好第三终端诊所市场就算成功，所以乐于分享和交流是一个找思路和方法的好招，尤其在团队内部定期组织多多益善。

5. 奖罚分明

做销售管理就像是将军带兵打仗，纪律严明、奖罚分明，能够取得员工的信任，尤其是许诺给员工的事情按时兑现，说话不算数不仅会损害做领导的形象，还会伤员工的心。

做市场肯定是有任务的，有任务就会有压力，有了任务和压力就会有动力，而这里的动力源泉是对员工的激励政策，根据任务的完成情况奖罚分明。尤其是对员工的奖励政策要及时兑现，不要等着员工提出问题，那肯定是市场上出现了严重的问题，对团队的稳定性也有很大的影响。这就需要企业的管理层要学会相互配合运作市场、管理员工，尽可能调动积极性，提高员工的执行力。

6. 机构精简，实行责任制

做市场最怕机构累赘，所以必须精简机构，每件事直接落实到责任人，这样会极大地提高办事效率。第三终端诊所市场只需要设立6个部门服务市场就足够了。

1）市场部。市场部是企业运作第三终端诊所必须具备的一个部门，对市场的发展至关重要，市场部作为销售部门最主要的管理机构，对销量有重要的影响。所以，市场部的管理工作显得尤为重要。这里面市场部长是关键职位，对上——对直属领导负责，对下——直接负责市场开发、上量及人员的管理工作。在市场部的管理工作中，可以按照产品线去管理，相应的设置产品经理负责就可以了。如果按照区域划分，让相应的大区负责人去管理即可，管理的时候可以设立相关人员，辅助所划分的几个区域平衡发展，加强几个区域的紧密联系。当然管理的方式多种多样，建议使用军事化管理，奖罚分明，时间节点都是按照规则做事，执行力也非常强。

当然，市场部的工作比较烦琐，这里就不一一赘述了，总之，市场部是非常关键的部门，在营销里起决定性的作用，是市场中最直接的执行者，也是下面市场的管理者。

2）培训部。培训部的工作不仅仅是培训，还要辅助市场部完成营销活动，有时候可能涉及一些市场管理的事情，是一个对外输出文化和营销策略的机构，培训的内容有产品、销售技巧、企业文化和心态等，培训的主要形式有内训和外训，主要以外训为主，外训就是对合作客户所做的一些培训。

健全培训体系，采取线上和线下两种形式，抓好培训工作。第三终端诊所对外输出主要以圆桌会、学术会和产品交流会为主，可以采取多种形式，但是培训内容一定要结合实际情况，既要有营销部分，又要有专业延伸的部分。有时候市场部忙不过来，培训部可以帮忙。设立培训部就是为市场营销服务，不然就失去了意义。

所以，培训部的要求比较高，既要懂市场也要懂专业，市场上这样的人很少，大部分培训部的人都过分强调专业性。基层医生反而不适应，不能按照医院科室会的那种形式给医生讲课，很多培训师实战效果很差。除了对外进行客户培训外，还有一部分工作就是产品卖点的挖掘、竞品分析及员工内训都是需要培训部来落地实施，做培训既要“培”也要“训”，培养员工的成长和有素的训练都是非常重要的工作，这些工作都要系统化执行才会服务好市场。

3）财务部。财务部是企业的后勤部门，财务一定要安全，避免不必要的风险。不管是总部还是县办，必须重视财务，不然员工做市场赚钱不明不白。在市场管理中，财务部还起着“促款”的作用，促使下面的业务员回款，尤其是现在两票制的实行，市场越来越规范化，这就要求企业的财务一定要正规化，不可抱有侥幸心理。在市场中，最好是终端业务员不接触货和款，由专门的医药公司去做，这样财务工作也好做，还能提高财务的办事效率。

4）人事部。企业要重视人事管理，尤其是兼职和自营的员工，要加大力度进行市场整治，假如没有人事管理，下面就会变得一团糟，对员工也没有约束力。人事部一定要做好人才库，包括人事档案的建立，都是在规范市场，可一定程度上减少兼职、自营的情况。要建立人事部是规范市场管理的需要，让企业管理更加轻松，专门的人做专业的事，各司其职才会做好市场、营销。

5）法务部。法务部就是一个企业的监察部门，为防止自营、窜货、资金或货物侵占专门设立的一个部门，可以让企业的市场更加规范，避免市场风险。同时也为一线市场的员工提供了法律保障，假如出现市场不规范的问题，都可以及时反馈和解决。

6）策划部。策划部的设立可以让市场更加清晰，活动、政策、产品、软文、宣传资料都需要策划部执行，可以为市场提供好的营销思路和活动物料的支持，尤其是现在自媒体的宣传很重要。策划部相当于市场的侦查部队、打仗的先遣部队，甚至是一个军队的军师。

要做好基层诊所市场，管理好销售团队，就要做好以上几个部门的配置工作，只有配备齐全才能在第三终端诊所市场从容应对挑战，这也是企业做第三终端诊所市场的基本配置。

二、如何招人、留人

随着现在越来越多的厂家进入基层诊所市场，企业最头痛的问题就是如何招人和留人，尤其是最近刚进入基层诊所市场的企业，市场的空白和人员的流动性太大是发展不起来的根本因素。有很多企业领导感叹，现在招刚毕业的人没经验很难培养，而有做药经验的老人，又觉得思想顾虑太多，执行力不足，怕带坏刚入行的新人。

另一个难题就是人员招聘到位后如何留人？招人（找人）容易留人难。例如刚招的人做市场不到两个月就流失了，甚至有的做了大半年还是流失了。刚把市场培育起来就急于求成，想一口吃个大胖子，加之外面各个厂家业务员之间的相互交流，信息太复杂，导致一时半会刚入行的人员心情浮躁。所有这些问题出在哪里？企业该如何招人、留人？具体方法如下：

1. 招人

首先让县总和终端业务员认识到招人后的优势，要让县总和终端业务员心甘情愿地招人，只有认识到团队力量才能成就财富梦想。拿数据说话，向终端业务员介绍招人后的发展与变化，通过招人前后回款额与赚钱客观数据的对比 ，让终端业务员认识到招人的重要性。人员编制基本标准：

1）省公司基本编制：省总、市场部经理、培训部经理、数据营销管理部（至少 2 人）、财务副总、记账会计（2 人）、核查会计、出纳员、库管员。

2）地办基本编制：地总、市场部长、地办会计、拉练、活动人员 2 名。

3）销售队伍基本编制：按终端数量分，每 20 家左右的终端招一人；按乡镇、街道分，每 2～3 个乡镇或街道招一人；按人口分，每 20 万元左右招一人。

基层诊所比较简单，除了组建省办团队要专业人员外，一线市场上的终端业务员不需要有太强的专业性，也不需要太高的学历，企业需要的是想法简单、执行力强、能吃苦耐劳和耐得住寂寞的人员。要有工作经验，18～40 岁的人最好。

尤其是以下人员可以作为一个重点招聘的对象：

- 生活所迫，为钱所困，希望提交生活质量的人。
- 无本钱，肯努力向上改变生活条件的人员。
- 有客情基础，缺乏好产品和营销思路的人员。

- 快速销售产品和做商业流通的人员。
- 有资源、有团队的人员。
- 在家待业的妇女。

以下是招聘需要谨慎考虑的人，即使能力再强也不能任用：

- 自认为比较聪明，总是看不起别人的人。
- 思想不坚定，比较浮躁的人员。
- 兼职的人员。
- 负能量比较多的人员。

英雄不问出处，不看背景，只看实力。企业招聘的人员一定是能带兵打仗的人。招聘优秀员工也有方法，具体如下：

（1）网络招聘。

网络招聘是比较流行的方式，也是节约招聘成本的方法，是值得企业去实施的方式。但是在网络上发布招聘广告，一定要注意细节。

1）招聘广告。招聘信息要新颖，能够引起求职者的关注，能够吸引求职者的眼球。所以，招聘的文案就显得特别重要，不要按照老式的招聘思路写招聘广告，否则无法引起求职者的注意，最好用段子的形式表达，更能博得求职者的关注。

2）选择好网站。尽量选择一些大的招聘网站，最好是花钱置顶，这样求职者才能第一时间看到招聘信息，来参加面试的人也比较多。最好不要选择小的招聘网站，没有影响力。

3）面试地点。网络招聘的面试尽量选择比较正规的地方，因为很多做控销的企业办事处很简单，可以邀约面试人去合作的医药公司，这样比较正规。还要高频率地面试，因为网络招聘就像是大海捞针，不容易一次成功。

（2）当地招聘会。

尽量选择当地比较有影响力的招聘单位，现场跟面试者交流沟通，达成初步意向，然后邀约到公司进行深层次的面谈。

（3）合作客户（基层医生）的转介绍。

通过医生的渠道介绍人员，成功率比较高，因为每个医生的身边都会有一大批各个厂家的业务代表。所以，医生资源一定要利用好。这也是现在很多刚杀进基层诊所的企业的做法，通过医生的转介绍快速招人。

（4）有奖招聘。

这种方式也是现在比较流行的，只要别人能够介绍人员来面试，一旦面试成功，过了三个月试用期可以给这个转介绍人一定的奖励，奖励不能太少。这种方式其实是为企业招聘节约了很多时间成本，这个方法值得实施，效果也比较好。

（5）动销活动招聘。

每个做控销的企业都会做各种形式的动销活动，尤其现在的专家义诊模式，义诊现场很有氛围，只要在现场观摩的人都会有触动，他们觉得这个企业能帮助诊所做生意，尤其对于做快消品和来钱比较慢的诊所来说，是非常大的诱惑。

（6）报纸和招聘文刊。

报纸和文刊虽然有点落伍，但这个方法简单可靠，一般可以放在招聘会现场、卖报纸的小摊和社区的小卖部门店，有很多人是通过这种方式关注求职招聘广告的。

（7）微信招聘。

可以制作微信链接，让整个团队人员进行微信朋友圈转发，或者让别人转发点赞奖励红包，效果比较突出。微信是现在社交比较流行的工具，可以通过微信做微营销。做微商的人，他们做事的方式和方法确实值得学习，他们从来不缺资源，而且代理越做越多，药企可以运用微商的方法去招聘人，也是一个不错的选择。

做药尽量不要介绍自己的亲戚朋友，因为一旦一个团队里面有这样的关系，管理就变得困难，很多人管理失败就在于招聘了亲戚朋友，一旦赚不到钱，就会出现一系列问题。

2. 留人

能否做好基层诊所市场与终端人员的稳定性有很大的关系，要想留住一个人，就要留住他的心。作为领导，就要抓好心，既要有“领”，也要有“导”的作用，团队的稳定性需要靠专门的人员打造，尽可能把业务员的优势发挥出来，让业务员既有所作为，也要赚到钱。药品是一个朝阳行业，做药的人收入不错，但比较熬心，每个终端业务员都是企业家，他们用自己的方式征服了客户，作为一线能打硬仗的“战士”，企业必须留住这样的人才，这样的人才是团队的中流砥柱。如何留人，以下方法可供参考：

（1）不要经常雪中送炭，要善于锦上添花。

不要经常无私地帮助业务员做他应该做的事，这样会让业务员形成依赖感，觉得领导做这些事是应该的，假如领导没有做到，他就会抱怨。本来是业务员自己的事情，可是有些领导总是放不开手脚，怕业务员做不好或出错，总是为业务员做奉献，最后受伤的还是领导，吃力不讨好。所以，企业在做市场的时候，尤其是在开发客户和维护上量的时候，一定要靠业务员自身的能力去做，上级领导需要做的是给他们思路和方向。例如帮助业务员开发一些大客户，帮助压大单，或帮助业务员解决他们解决不了的问题，这是上级领导应该做的事情，下面的业务员才能感激企业。

（2）敢于放权，不要越级做管理。

做控销的企业基本上都是分层级定价，大体分为省总－地总－县总－终端经理四个层级，管理过程中要学会放权，不要做越级的事情，如省总最好管好地总、地总管好县总、县总管好终端的方式。假如出现越级管理的情况，就会产生很多矛盾，造成一些不必要的麻烦。信任团队非常关键，上级领导最好不要直接管理终端市场中的事情，出现问题直接找下一级沟通，除非是一些问题需要领导亲自出面解决，否则，就要放开手脚，让终端业务员真正做事。终端业务员是我们做市场的基础，他们的想法和思路值得企业考虑，所有的经验最好从一线市场开始总结。

（3）市场拉练。

在市场拉练过程中，留人是一个不错的选择，拉练的时候以小单为主，通过团队的协同作战，提高市场占有率，开发新客户，从而保证在当地市场的份额，这样当地的业务员就能很好地开展业务，也能留住优秀的人才。

（4）多沟通、交流。

做基层诊所，遇到问题一定要及时沟通，交流好的经验。最好是每天晚上利用十几分钟说一说遇到的问题，让整个团队中的人想办法，帮自己出谋划策，及时解决问题。同时要利用好每个季度，开好营销大会和拓展训练，增强团队凝聚力，让业务员觉得自己不是一个人在战斗，及时给予其思想和方法的指导。要与业务员多沟通和交流，及时了解他们遇到的问题并解决问题。

（5）打典型、树样板。

人的感官是最容易影响一个人的行为准则，一个市场肯定有做得好的，也有做得不好的，好的市场要打造成典型样板市场，这样对做不好的人员有带动作用。最好让做得好的人员进行一对一地帮扶、手把手地教他人做市场，同时领导要不断地鼓励员工，做市场是一件很辛苦的事，领导要不断给业务员加油打气。

（6）严格对待自己的业务员。

对待业务员一定要严格，领导的作用就是带领业务员赚钱，现在的市场非常不好做，所以要规定业务员每天走访市场，这样业务员每天才会有收获，同时公司可以为员工制定小单政策或者其他“战术”，每天在市场上实战，肯定会有所收获。就怕业务员只是在嘴上说和想，不去真正地走访市场，结果谁都赚不了钱，人员更容易流失。

（7）帮助新来员工的快速成长。

让新来的业务员认识到企业的发展前景，帮助新来的业务员在短时间内迅速发展几家客户，也就是有效客户数。可以为新业务员提供补助，每年组织 2 次免费旅游，调动业务员的积极性，让业务员快乐工作、轻松赚钱、有归属感。

三、如何快速成为百万县总

1. 意义

县总是做控销市场必不可少的角色，起着承上启下的作用，每个做药人对县总的作用都有不同的认识，但是在现实生活中县总基本上以业务型为主，管理是很多县总的弱点，所以很多县总实际上做的是终端业务员的事情，思路和格局还不够开阔。

年入百万，是许多县总一个可望而不可即的目标，现实生活中县总能否靠一区或一县实现这个目标呢？答案是可以，而且最近几年有大量的人都做到了年收入百万，他们是如何做到的呢？有什么方法或者技巧？能否向他们学习，也实现年收入百万？

2. 县总的定义和定位

（1）定义。

县总，即县级经理的简称，指在大包制模式下负责一个县级市场终端的开发、维护和上量工作，主动树立和维护辖区内公司平台形象的人。

（2）定位。

县总是执行的主体，是公司策略及运作的主要执行者。对上要带领团队落实战术，完成地办分公司给予的任务和目标，对下指导战术、高效执行。根据省办及地办的战略部署，结合本县的市场实际情况，推动目标实现。既是市场战略的执行者，又是区域市场的决策者，同时兼备县区平台的主心骨、经营者、管理者等多重角色，也是战士、情报员、督查员和教练。

3. 县总的任职标准

（1）品德要好。

要讲忠诚，感恩企业，维护公司的利益，捍卫公司品牌。无论能力有多强，最重要的一点还是要看品德，作为一县的管理者或董事长，对一个市场的好坏有重要的影响，也关系到企业能否做强、做大。对终端业务员来说，跟着县总做事，必须在心里征服他们，这样业务员才愿意跟县总做事。有什么样的领导就会带出什么样的兵，如果县总算小账、背信弃义，人前一套人后一套，甚至损害公司的利益，这样的人做不了大事，公司也不会让品德不好的人去做县总，这是用人最基本的要求，先不看能力，重点要看品德是否符合县总的要求。

（2）能力要强。

打铁还需自身硬，提高思想水平和个人能力。要想做好县总，必须要有特点或长处，尤其在思想水平上要高于业务员；要想做好县总，就需要思考地总甚至省总所做的事，要有长远眼光和大格局，尤其在学习力上多下功夫，因为现在是一个资源型和共享型社会，多交流学习别人的经验和方法，对做业务有很大帮助。作为管理一县的关键人物，县总的能力必须全面，既要懂得怎么开发客户、维护和上量，还要懂得怎么用人和留人，甚至还要懂财务。所以县总的任职标准高，能力要出众，才能做好一区一县市场。

（3）打造团队。

要具备组建和打造团队的能力，带出铁骨铮铮的队伍。现在已经不是单打独斗的时代，平台很重要，当然也要跟对人，要想做好一县市场，县总一个人肯定忙不过来，没有太多的时间和精力开发市场。最好是组建自己的团队，一群人做一件事就轻松很多，县总要学会招人和留人，因为现在医药行业的信息和资源很丰富，留人是最大的问题，团队的稳定性很重要。要做市场必须得有人，所以招人和留人工作是县总长期要做的事，不然很难达成销售目标。

（4）牢固客情。

抓住客户心理，以诚相待，建立感情基础。对于做基层诊所的人员而言，什么叫客情？客情就是帮助合作客户和业务员赚钱。因为现在生活压力很大，客情不再是以前的送礼和请客吃饭，真正的客情就是跟客户合作共赢，对业务员要以诚相待，让他们快速成长，提升团队凝聚力，以便更好地服务基层诊所。

现在很多人抱怨诊所业务做不好，根本原因就是跟客户、上下领导和员工的客情关系不到位，一个人做一区一县是不可能的，毕竟个人的精力和时间有限，就算把所有的客户都开发了，也很难做到用心去服务每个客户，很难建立稳固的客情关系。

（5）熟悉政策。

要熟悉公司制度和外部法规，维护市场环境，灵活抓住商机。做基层诊所市场一定要灵活，不能墨守陈规，但也不能违法乱纪，凡事都要讲究规则，尤其是公司的制度和国家的法规，赚钱要取之有道，不能为了眼前的一些小利润做一些违法乱纪的事情，这样永远做不好市场，也很难达到做县总的要求。

紧跟时代的步伐，随时随地给自己充电，尤其是做基层诊所的人员，要提高自己的专业素养，充分开发基层诊所市场。县总是公司很多策略的执行者，也是一线市场带兵打仗的领导，有必要熟知公司的制度和医药行业的法律法规，有助于合理避险，也能顺应时代的潮流。

（6）作风强硬。

要提高自身素质，坚决完成上级安排的任务，向明天要收益。要想做好一件事，就必须有过硬的作风，公司下达的指标必须得保质保量完成，只有按照企业部署的战略开展，才能实现全年收入百万的目标。

有时候不能抱怨公司下达的指标太高，因为谁都有压力，尤其是领导的压力远比业务员大，有时候业务员完成得不好，领导只能默默地承担责任。没有压力就没有动力，赚不到钱，团队就没有凝聚力，更不用说作战能力。县总一定要有长期经营的思想，不能只看眼前的利润，要懂得投入，有投入才会有产出，如果没有过硬的作风，很难带领团队取得胜利。

4. 打造百万县办的标准

（1）县总没有兼职，放弃自营抓管理。

现在市场上做药的人很多，但很多是兼职，作为县总和地总很难放弃自营和兼职。加之现在的厂家也多，都在向基层诊所发展，所以终端业务员在市场上收到的信息很复杂，不专心工作也不专职做事，到头来什么事情都没做好。

打造百万县办必须要专职做县总，放弃自营狠抓管理，要想赚钱还得靠团队。现在很多县总做业务能力很强，但在管理上很薄弱，管理的团队缺乏作战能力。

县总兼职做药是发展不起来的，做得太杂太散乱就会分心，不能全心全意做好业务，导致做事很浮躁，总想着走捷径赚快钱，殊不知心急吃不了热豆腐，做好市场并不是简单的事情，需要用心去经营。

另外，县总兼职对下面的终端业务员影响很大，到底让下面的终端业务员做哪个厂家的产品，甚至会有无依无靠的感觉，任由业务员自由发展。一旦县总兼职，终端业务员兼职现象更加严重，都打着各自的小算盘，根本无法在一起共事，更不用说年入百万的目标，只是纸上谈兵。

（2）有 5 个终端经理，每个终端经理管理 20 个有效客户。

一个县总下面有 5 个终端经理，每个终端经理下面有 20 个有效客户，这里的客户一定是有效客户，不能算无效客户。按照这样的布局，一个县总下面得有 5 个人的团队，有 100 家有效客户。如一家有效客户收益 1000 元，一个月就能收益 10 万元。

很多县总下面没有终端经理，只能靠自己辛苦打拼，业务做得很累，收入却不理想。虽然有的县总客户数量远远超过 100 家，但所开发的客户不全是有效客户，甚至有的客户每个月都是零回款。

当好县总的前提是手下有人，至少配备 5 个终端经理，有 100 家有效客户，每月至少回款 50 万元，才能实现年入百万的目标。

（3）每个有效客户至少购进 5 个品种，会卖 1 个黄金大单品。

有效客户产品的导入数量很重要，至少在诊所要导入 5 个品种，才能增强跟客户的黏连性，否则会容易被其他厂家替代。至少导入 5 个品种，业务员在跑业务时就会占据主动权，跟客户有谈判的余地，做事也没必要小心翼翼，跟客户平时打交道也不会尴尬。

除了在基层诊所导入品种外，还要培养客户卖黄金大单品，只有卖好黄金大单品，客户才会赚钱，业务员也能赚钱，企业还能实现快速上量。在基层诊所重点培育黄金大单品，尽可能提高客户的客单价，鼓励客户开大处方，做好关联用药，提升企业品牌形象，打造基层诊所名医名药，通过黄金大单品实现名利双收。

所以，有必要在基层诊所至少导入5个品种，占据客户诊所销售主类品种，培育客户会卖1个黄金大单品，是成为百万县总的因素之一。

（4）做好“五一工程”。

即县总下面有5个员工，100个客户，5个品种和1个精品。

5. 县办活动每月不低于100场

现在医药营销已经步入了控销+动销的时代，动销活动是做基层诊所必做的事。一方面可以加深客情关系和帮客户消化库存；另一方面通过动销活动可以把产品直接销售到患者手里，实现产品“营销”，从而达到快速走量的目的。

县办每个月动销活动不得低于100场，业务员每个月的动销活动就不得低于20场，这样才能做到月月有动销。每个客户每月至少保证有一场活动，让客户从心里觉得业务员靠谱，产品也能快速销售，业务员跟客户之间的感情会升温。每个月做好动销活动显得有计划性和目的性，也能增强市场影响力，提高团队士气，营造热销氛围，帮助基层诊所走出经营困境，打造百万诊所和县总的目标绝对不是梦。

推荐作者得新书！

博瑞森征稿启事

亲爱的读者朋友：

感谢您选择了博瑞森图书！希望您手中的这本书能给您带来实实在在的帮助！

博瑞森一直致力于发掘好作者、好内容，希望能把您最需要的思想、方法，一字一句地交到您手中，成为管理知识与管理实践的桥梁。

但是我们也知道，有很多深入企业一线、经验丰富、乐于分享的优秀专家，或者忙于实战没时间，或者缺少专业的写作指导和便捷的出版途径，只能茫然以待……

还有很多在竞争大潮中坚守的企业，有着异常宝贵的实践经验和独特的洞察，但缺少专业的记录和整理者，无法让企业的经验和故事被更多的人了解、学习……

对读者而言，这些都太遗憾了！

博瑞森非常希望能将这些埋藏的“宝藏”发掘出来，贡献给广大读者，让更多的人从中受益。

所以，我们真心地邀请您，我们的老读者，帮我们搜寻：

推荐作者

可以是您自己或您的朋友，只要对本土管理有实践、有思考；可以是您通过网络、杂志、书籍或其他途径了解的某位专家，不管名气大小，只要他的思想和方法曾让您深受启发。

可以是管理类作品，也可以超出管理，各类优秀的社科作品或学术作品。

推荐企业

可以是您自己所在的企业，或者是您熟悉的某家企业，其创业过程、运营经历、产品研发、机制创新，等等。无论企业大小，只要乐于分享、有值得借鉴书写之处。

总之，好内容就是一切！

博瑞森绝非“自费出书”，出版费用完全由我们承担。您推荐的作者或企业案例一经采用，我们会立刻向您赠送书币 1000 元，可直接换取任何博瑞森图书的纸书或电子书。

感谢您对本土管理原创、博瑞森图书的支持！

推荐投稿邮箱：bookgood@126.com　　推荐手机：13611149991

企业案例・老板传记

	书名. 作者	内容/特色	读者价值
企业案例・老板传记	**你不知道的加多宝:原市场部高管讲述** 曲宗恺　牛玮娜　著	前加多宝高管解读加多宝	全景式解读,原汁原味
	借力咨询:德邦成长背后的秘密 官同良　王祥伍　著	讲述德邦是如何借助咨询公司的力量进行自身与发展的	来自德邦内部的第一线资料,真实、珍贵,令人受益匪浅
	娃哈哈区域标杆:豫北市场营销实录 罗宏文　赵晓萌　等著	本书从区域的角度来写娃哈哈河南分公司豫北市场是怎么进行区域市场营销,成为娃哈哈全国第一大市场、全国增量第一高市场的一些操作方法	参考性、指导性,一线真实资料
	六个核桃凭什么:从0过100亿 张学军　著	首部全面揭秘养元六个核桃裂变式成长的巨著	学习优秀企业的成长路径,了解其背后的理论体系
	像六个核桃一样:打造畅销品的36个简明法则 王　超　范　萍　著	本书分上下两篇:包括"六个核桃"的营销战略历程和36条畅销法则	知名企业的战略历程极具参考价值,36条法则提供操作方法
	解决方案营销实战案例 刘祖轲　著	用10个真案例讲明白什么是工业品的解决方案式营销,实战、实用	有干货、真正操作过的才能写得出来
	招招见销量的营销常识 刘文新　著	如何让每一个营销动作都直指销量	适合中小企业,看了就能用
	我们的营销真案例 联纵智达研究院　著	五芳斋粽子从区域到全国/诺贝尔瓷砖门店销量提升/利豪家具出口转内销/汤臣倍健的营销模式	选择的案例都很有代表性,实在、实操!
	中国营销战实录:令人拍案叫绝的营销真案例 联纵智达　著	51个案例,42家企业,38万字,18年,累计2000余人次参与……	最真实的营销案例,全是一线记录,开阔眼界
	双剑破局:沈坤营销策划案例集 沈　坤　著	双剑公司多年来的精选案例解析集,阐述了项目策划中每一个营销策略的诞生过程,策划角度和方法	一线真实案例,与众不同的策划角度令人拍案叫绝、受益匪浅
	宗:一位制造业企业家的思考 杨　涛　著	1993年创业,引领企业平稳发展20多年,分享独到的心得体会	难得的一本老板分享经验的书
	简单思考:AMT咨询创始人自述 孔祥云　著	著名咨询公司(AMT)的CEO创业历程中点点滴滴的经验与思考	每一位咨询人,每一位创业者和管理经营者,都值得一读
	边干边学做老板 黄中强　著	创业20多年的老板,有经验、能写、又愿意分享,这样的书很少	处处共鸣,帮助中小企业老板少走弯路
	三四线城市超市如何快速成长:解密甘雨亭 IBMG国际商业管理集团　著	国内外标杆企业的经验+本土实践量化数据+操作步骤、方法	通俗易懂,行业经验丰富,宝贵的行业量化数据,关键思路和步骤
	中国首家未来超市:解密安徽乐城 IBMG国际商业管理集团　著	本书深入挖掘了安徽乐城超市的试验案例,为零售企业未来的发展提供了一条可借鉴之路	通俗易懂,行业经验丰富,宝贵的行业量化数据,关键思路和步骤

互联网+

	书名. 作者	内容/特色	读者价值
互联网+	**新营销** 刘春雄　著	新营销的新框架体系是场景是产品逻辑,IP是品牌逻辑,社群是连接逻辑,传播是营销逻辑	助力品牌商实现由传统营销到新营销的理念和行动的跨越,助力企业打赢升级转型之仗
	企业微信营销全指导 孙　巍　著	专门给企业看到的微信营销书,手把手教企业从小白到微信营销专家	企业想学微信营销现在还不晚,两眼一抹黑也不怕,有这本书就够

续表

互联网+	**企业网络营销这样做才对：B2B 大宗 B2C** 张　进　著	简单直白拿来就用，各种窍门信手拈来，企业网络营销不麻烦也不用再头疼，一般人不告诉他	B2B、大宗 B2C 企业有福了，看了就能学会网络营销
	互联网时代的银行转型 韩友诚　著	以大量案例形式为读者全面展示和分析了银行的互联网金融转型应对之道	结合本土银行转型发展案例的书籍
	正在发生的转型升级·实践 本土管理实践与创新论坛　著	企业在快速变革期所展现出的管理变革新成果、新方法、新案例	重点突出对于未来企业管理相关领域的趋势研判
	触发需求：互联网新营销样本·水产 何足奇　著	传统产业都在苦闷中挣扎前行，本书通过鲜活的案例告诉你如何以需求链整合供应链，从而把大家熟知的传统行业打碎了重构、重做一遍	全是干货，值得细读学习，并且作者的理论已经经过了他亲自操刀的实践检验，效果惊人，就在书中全景展示
	移动互联新玩法：未来商业的格局和趋势 史贤龙　著	传统商业、电商、移动互联，三个世界并存，这种新格局的玩法一定要懂	看清热点的本质，把握行业先机，一本书搞定移动互联网
	微商生意经：真实再现 33 个成功案例操作全程 伏泓霖　罗晓慧　著	本书为 33 个真实案例，分享案例主人公在做微商过程中的经验教训	案例真实，有借鉴意义
	阿里巴巴实战运营——14 招玩转诚信通 聂志新　著	本书主要介绍阿里巴巴诚信通的十四个基本推广操作，从而帮助使用诚信通的用户及企业更好地提升业绩	基本操作，很多可以边学边用，简单易学
	阿里巴巴实战运营 2：诚信通热卖技巧 聂嵘海　著	诚信通 TOP 商家赚钱的密码箱，手把手教你操作，拿来就用	图文并茂，内容齐全，直接可以对照使用
	抖音营销如何做：未来抖商 刘大贺　著	解密从 0 到 1 亿粉丝的实操路径，深度剖析抖音营销全系统策略	企业做抖音营销的第一书
	微商团队长：从入门到精通 罗品牌　著	由浅入深，涵盖微商团队长必学技能的方方面面	只要照着做，就能当好微商团队长
	互联网精准营销 蒋　军　著	怎么在互联网时代整体策划、包装品牌和产品，并在此基础上为企业设计商业模式，技术实现并运营落地	为有基础的小微企业（大企业的新项目）1 年实现销售额过亿，2 年对接资本，3 年左右准 IPO
	今后这样做品牌：移动互联时代的品牌营销策略 蒋　军　著	与移动互联紧密结合，告诉你老方法还能不能用，新方法怎么用	今后这样做品牌就对了
	互联网+"变"与"不变"：本土管理实践与创新论坛集萃·2016 本土管理实践与创新论坛　著	本土管理领域正在产生自己独特的理论和模式，尤其在移动互联时代，有很多新课题需要本土专家们一起研究	帮助读者拓宽眼界、突破思维
	创造增量市场：传统企业互联网转型之道 刘红明　著	传统企业需要用互联网思维去创造增量，而不是用电子商务去转移传统业务的存量	教你怎么在"互联网+"的海洋中创造实实在在的增量
	重生战略：移动互联网和大数据时代的转型法则 沈　拓　著	在移动互联网和大数据时代，传统企业转型如同生命体打算与再造，称之为"重生战略"	帮助企业认清移动互联网环境下的变化和应对之道
	画出公司的互联网进化路线图：用互联网思维重塑产品、客户和价值 李　蓓　著	18 个问题帮助企业一步步梳理出互联网转型思路	思路清晰、案例丰富，非常有启发性
	7 个转变，让公司 3 年胜出 李　蓓　著	消费者主权时代，企业该怎么办	这就是互联网思维，老板有能这样想，肯定倒不了
	跳出同质思维，从跟随到领先 郭　剑　著	66 个精彩案例剖析，帮助老板突破行业长期思维惯性	做企业竟然有这么多玩法，开眼界

续表

行业类:零售、白酒、食品/快消品、农业、医药、建材家居等			
	书名.作者	内容/特色	读者价值
零售·超市·餐饮·服装	**总部有多强大,门店就能走多远** IBMG 国际商业管理集团　著	如何把总部做强,成为门店的坚实后盾	了解总部建设的方法与经验
	超市卖场定价策略与品类管理 IBMG 国际商业管理集团　著	超市定价策略与品类管理实操案例和方法	拿来就能用的理论和工具
	连锁零售企业招聘与培训破解之道 IBMG 国际商业管理集团　著	围绕零售企业组织架构、培训体系建设等内容进行深刻探讨	破解人才发现和培养瓶颈的关键点
	中国首家未来超市:解密安徽乐城 IBMG 国际商业管理集团　著	介绍了乐城作为中国首家未来超市从无到有的传奇经历	了解新型零售超市的运作方式及管理特色
	三四线城市超市如何快速成长:解密甘雨亭 IBMG 国际商业管理集团　著	揭秘一家三四线连锁超市的经验策略	不但可以欣赏它的优点,而且可以学会它成功的方法
	新零售　新终端 迪智成咨询团队　著	梳理和提炼新零售的系统打法,将之落地在新终端建设上	让新零售这一看似形而上的商业概念有了可以落地的立足点
	新零售动作分解:建材　家居家具 盛斌子　著	第一本锁定在家居建材、家电、家装等耐用消费品领域谈新零售的书	第一本谈新零售的具体动作、策略、方法、招术的书,拿来就用
	新零售进化趋势与未来格局 李政权　著	通过业态、品类、体验、场景等,逐一呈现新零售的未来进化	就新零售未来的发展方向与进化趋势给出一个确定性的未来
	涨价也能卖到翻 村松达夫　【日】	提升客单价的 15 种实用、有效的方法	日本企业在这方面非常值得学习和借鉴
	移动互联下的超市升级 联商网专栏频道　著	深度解析超市转型升级重点	帮助零售企业把握全局、看清方向
	手把手教你做专业督导:专卖店、连锁店 熊亚柱　著	从督导的职能、作用,在工作中需要的专业技能、方法,都提供了详细的解读和训练办法,同时附有大量的表单工具	无论是店铺需要统一培训,还是个人想成为优秀的督导,有这一本就够了
	百货零售全渠道营销策略 陈继展　著	没有照本宣科、说教式的絮叨,只有笔者对行业的认知与理解,庖丁解牛式的逐项解析、展开	通俗易懂,花极少的时间快速掌握该领域的知识及趋势
	零售:把客流变成购买力 丁　昀　著	如何通过不断升级产品和体验式服务来经营客流	如何进行体验营销,国外的好经营,这方面有启发
	餐饮企业经营策略第一书 吴　坚　著	分别从产品、顾客、市场、盈利模式等几个方面,对现阶段餐饮企业的发展提出策略和思路	第一本专业的、高端的餐饮企业经营指导书
	餐饮新营销 杨　勇　程绍珊　著	在新环境下,对餐饮营销管理进行了全面深入的解读,提供了方式方法	全面性、系统性,区别于市面上的纯操作类作品
	电影院的下一个黄金十年:开发·差异化·案例 李保煜　著	对目前电影院市场存大的问题及如何解决进行了探讨与解读	多角度了解电影院运营方式及代表性案例
	赚不赚钱靠店长:从懂管理到会经营 孙彩军　著	通过生动的案例来进行剖析,注重门店管理细节方面的能力提升	帮助终端门店店长在管理门店的过程中实现经营思路的拓展与突破
耐消品	**商用车经销商运营实战** 杜建君　王朝阳　章晓青　等著	从管理到经营,从销售到服务,系统化运作全指导	为经销商经营开阔思路,掌握方法
	汽车配件这样卖:汽车后市场销售秘诀 100 条 俞士耀　著	汽配销售业务员必读,手把手教授最实用的方法,轻松得来好业绩	快速上岗,专业实效,业绩无忧

续表

耐消品	**润滑油销售：这样说这样做更有效** 张金荣　著	针对渠道、经销商、终端的超实用话术	上车看，下车用，3 分钟就能学会。
	新经销：新零售时代，教你做大商 黄润霖　著	从选址、产品、促销、团队、规模阐述新经销变与不变的市场手法和操作思路	实地拜访近 100 位经销商在传统营销手法上的创新、新营销工具的发现
	珠宝黄金新营销 崔德乾　著	营销、品牌、产品、连接、场景、社群、服务、传播、管理及产业价值链	新营销在珠宝行业的实战应用，业内必备第一书
	跟行业老手学经销商开发与管理：家电、耐消品、建材家居 黄润霖　著	全部来源于经销商管理的一线问题，作者用丰富的经验将每一个问题落实到最便捷快速的操作方法上去	书中每一个问题都是普通营销人亲口提出的，这些问题你也会遇到，作者进行的解答则精彩实用
白酒	**酒水饮料快消品餐饮渠道营销手册** 朱伟杰　著	主要针对快消品（酒水、饮料）的餐饮渠道，提供了区域、商圈、不同业态的规划和促销安排等多种工具，并提出了经销商、批发商等相关人员的管理方法	一本酒水饮料如何在餐饮渠道销售的全能手册，内容深入翔实，可以直接照搬套用，这样的便利简直千金不换
	白酒到底如何卖 赵海永　著	以市场实战为主，多层次、全方位、多角度地阐释了白酒一线市场操作的最新模式和方法，接地气	实操性强，37 个方法、6 大案例帮你成功卖酒
	变局下的白酒企业重构 杨永华　著	帮助白酒企业从产业视角看清趋势，找准位置，实现弯道超车的书	行业内企业要减少 90%，自己在什么位置，怎么做，都清楚了
	1. 白酒营销的第一本书（升级版） **2. 白酒经销商的第一本书** 唐江华　著	华泽集团湖南开口笑公司品牌部长，擅长酒类新品推广、新市场拓展	扎根一线，实战
	区域型白酒企业营销必胜法则 朱志明　著	为区域型白酒企业提供 35 条必胜法则，在竞争中赢销的葵花宝典	丰富的一线经验和深厚积累，实操实用
	10 步成功运作白酒区域市场 朱志明　著	白酒区域操盘者必备，掌握区域市场运作的战略、战术、兵法	在区域市场的攻伐防守中运筹帷幄，立于不败之地
	酒业转型大时代：微酒精选 2014－2015 微酒　主编	本书分为五个部分：当年大事件、那些酒业营销工具、微酒独立策划、业内大调查和十大经典案例	了解行业新动态、新观点，学习营销方法
快消品·食品	**中国快消品营销的这些年** 史贤龙　著	作者精华文章的合集，一本书浓缩了过去十五年，中国营销的实战历程与前沿思考	快消品营销行业的案例和方法都原汁原味呈现，在反映当时风貌的同时，展望与反思
	营销中国茶：2 小时读懂茶叶营销 史贤龙　著	从不同视角对中国的茶营销进行了思考，内容涉及中国茶产业战略困境、茶企规模化、茶品牌崛起、茶文化、茶营销、茶消费、茶零售、茶道等	内容丰富扎实，文字流畅，浓缩的都是精华，让你 2 小时读懂茶叶营销
	这样打造快消品标杆市场 罗宏文　著	帮助你解决如何成功打造标杆市场和进行持续增量管理两大问题	一套系统的方法论，通俗易懂，可以直接套用
	5 小时读懂快消品营销：中国快消品案例观察 陈海超　著	多年营销经验的一线老手把案例掰开了、揉碎了，从中得出的各种手段和方法给读者以帮助和启发	营销那些事儿的个中秘辛，求人还不一定告诉你，这本书里就有
	快消品招商的第一本书：从入门到精通 刘　雷　著	深入浅出，不说废话，有工具方法，通俗易懂	让零基础的招商新人快速学习书中最实用的招商技能，成长为骨干人才
	乳业营销第一书 侯军伟　著	对区域乳品企业生存发展关键性问题的梳理	唯一的区域乳业营销书，区域乳品企业一定要看

续表

快消品·食品	**金龙鱼背后的粮油帝国** 余　盛　著	讲述金龙鱼品牌及母公司丰益国际的商业冒险故事	在精彩的阅读体验中学到营销管理的方法
	食用油营销第一书 余　盛　著	10多年油脂企业工作经验，从行业到具体实操	食用油行业第一书，当之无愧
	中国茶叶营销第一书 柏　龑　著	如何跳出茶行业“大文化小产业”的困境，作者给出了自己的观察和思考	不是传统做茶的思路，而是现在商业做茶的思路
	调味品企业八大必胜法则 张　戟　著	八大规律性的关键成功要素，背后都有本土调味品企业的成功实践	“观点阐述+案例描述”，行业必读
	调味品营销第一书 陈小龙　著	国内唯一一本调味品营销的书	唯一的调味品营销的书，调味品的从业者一定要看
	快消品营销人的第一本书：从入门到精通 刘　雷　伯建新　著	快消行业必读书，从入门到专业	深入细致，易学易懂
	变局下的快消品营销实战策略 杨永华　著	通胀了，成本增加，如何从被动应战变成主动的“系统战”	作者对快消品行业非常熟悉、非常实战
	快消品经销商如何快速做大 杨永华　著	本书完全从实战的角度，评述现象，解析误区，揭示原理，传授方法	为转型期的经销商提供了解决思路，指出了发展方向
	快消品营销：一位销售经理的工作心得2 蒋　军　著	快消品、食品饮料营销的经验之谈，重点图书	来源与实战的精华总结
	快消品营销与渠道管理 谭长春　著	将快消品标杆企业渠道管理的经验和方法分享出来	可口可乐、华润的一些具体的渠道管理经验，实战
	成为优秀的快消品区域经理（升级版） 伯建新　著	用“怎么办”分析区域经理的工作关键点，增加30%全新内容，更贴近环境变化	可以作为区域经理的“速成催化器”
	销售轨迹：一位快消品营销总监的拼搏之路 秦国伟　著	本书讲述了一个普通销售员打拼成为跨国企业营销总监的真实奋斗历程	激励人心，给广大销售员以力量和鼓舞
	快消老手都在这样做：区域经理操盘锦囊 方　刚　著	非常接地气，全是多年沉淀下来的干货，丰富的一线经验和实操方法不可多得	在市场摸爬滚打的“老油条”，那些独家绝招妙招一般你问都是问不来的
	动销四维：全程辅导与新品上市 高继中　著	从产品、渠道、促销和新品上市详细讲解提高动销的具体方法，总结作者18年的快消品行业经验，方法实操	内容全面系统，方法实操
农业	**饲料营销有方法：策略　案例　工具** 陈石平　著	跳出饲料看饲料，根据饲料营销的关键成功要素（KSF）提出7大核心命题	紧跟农牧产业发展大势，提高饲料企业营销竞争力
	新农资如何换道超车 刘祖轲　等著	从农业产业化、互联网转型、行业营销与经营突破四个方面阐述如何让农资企业占领先机、提前布局	南方略专家告诉你如何应对资源浪费、生产效率低下、产能严重过剩、价格与价值严重扭曲等
	中国牧场管理实战：畜牧业、乳业必读 黄剑黎　著	本书不仅提供了来自一线的实际经验，还收入了丰富的工具文档与表单	填补空白的行业必读作品
	中小农业企业品牌战法 韩　旭　著	将中小农业企业品牌建设的方法，从理论讲到实践，具有指导性	全面把握品牌规划，传播推广，落地执行的具体措施
	农资营销实战全指导 张　博　著	农资如何向“深度营销”转型，从理论到实践进行系统剖析，经验资深	朴实、使用！不可多得的农资营销实战指导
	农产品营销第一书 胡浪球　著	从农业企业战略到市场开拓、营销、品牌、模式等	来源于实践中的思考，有启发
	变局下的农牧企业9大成长策略 彭志雄　著	食品安全、纵向延伸、横向联合、品牌建设……	唯一的农牧企业经营实操的书，农牧企业一定要看

续表

医药	**在中国，医药营销这样做：时代方略精选文集** 段继东　主编	专注于医药营销咨询15年，将医药营销方法的精华文章合编，深入全面	可谓医药营销领域的顶尖著作，医药界读者的必读书
	医药新营销：制药企业、医药商业企业营销模式转型 史立臣　著	医药生产企业和商业企业在新环境下如何做营销？老方法还有没有用？如何寻找新方法？新方法怎么用？本书给你答案	内容非常现实接地气，踏实谈问题说方法
	医药企业转型升级战略 史立臣　著	药企转型升级有5大途径，并给出落地步骤及风险控制方法	实操性强，有作者个人经验总结及分析
	新医改下的医药营销与团队管理 史立臣　著	探讨新医改对医药行业的系列影响和医药团队管理	帮助理清思路，有一个框架
	医药营销与处方药学术推广 马宝琳　著	如何用医学策划把"平民产品"变成"明星产品"	有真货、讲真话的作者，堪称处方药营销的经典！
	医药行业大洗牌与药企创新 林延君　沈　斌　著	一方面，围绕着变革，多角度阐述药企的应对之道；另一方面，紧扣实践，介绍近百家医药企业创新实践案例	医改变革10年，医药企业如何应对大洗牌？重磅出击的药企人必读书
	新医改了，药店就要这样开 尚　锋　著	药店经营、管理、营销全攻略	有很强的实战性和可操作性
	电商来了，实体药店如何突围 尚　锋　著	电商崛起，药店该如何突围？本书从促销、会员服务、专业性、客单价等多重角度给出了指导方向	实战攻略，拿来就能用
	OTC医药代表药店销售36计 鄢圣安　著	以《三十六计》为线，写OTC医药代表向药店销售的一些技巧与策略	案例丰富，生动真实，实操性强
	OTC医药代表药店开发与维护 鄢圣安　著	要做到一名专业的医药代表，需要做什么、准备什么、知识储备、操作技巧等	医药代表药店拜访的指导手册，手把手教你快速上手
	引爆药店成交率1：店员导购实战 范月明　著	一本书解决药店导购所有难题	情景化、真实化、实战化
	引爆药店成交率2：经营落地实战 范月明　著	最接地气的经营方法全指导	揭示了药店经营的几类关键问题
	引爆药店成交率：专业化销售解决方案 范月明　著	药品搭配分析与关联销售	为药店人专业化助力
	处方药合规推广实战宝典 赵佳震　著	推广体系搭建、推广人员岗位工作内容、推广服务外包商管理等六个方面	解决"医药代表转型"和"推广服务外包商管理"的困惑
	医药代理商实操全指导：新环境　新战法 戴文杰　著	结合医药市场政策环境解读新环境下医药招商的战法，着重分析药品产业链的盈利机会	医药销售业务人员的必备读物
	攻略基层诊所：医药营销这样做 张江民　著	对基层诊所的开发、维护和动销，拿来就用的方式方法	实战是本书的主旨，只要用心去看，就能在基层诊所市场中运用
	互联网医药的未来 动脉网　编著	介绍了互联网医药发展的现状与趋势	帮助创业者和投资人看清未来，把握当下
	处方药零售这样做 田　军　著	阐述了处方药零售的重要性，以及做处方药零售市场的具体措施和方法	系统性了解和掌握处方药零售方法
建材家居	**成为最赚钱的家具建材经销商** 李治江　著	从销售模式、产品、门店等老板们最关注和最需要的方面解决问题、提供方法	只要你是建材、家具、家居用品的经销商老板，这就是一本必读的书
	定制家居黄金十年 韩　锋　翁长华　著	梳理了定制家居的商业模式和发展情况	帮助定制家居看清方向，把握当下
	家具建材促销与引流 薛　亮　李永峰　著	十大促销模式的详细方法和工具	让你天天签大单

续表

建材家居	**家具行业操盘手** 王献永　著	家具行业问题的终结者	解决了干家具还有没有前途？为什么同城多店的家具经销商很难做大做强等问题
	建材家居营销：除了促销还能做什么 孙嘉晖　著	一线老手的深度思考，告诉你在建材家居营销模式基本停滞的今天，除了促销，营销还能怎么做	给你的想法一场革命
	建材家居营销实务 程绍珊　杨鸿贵　主编	价值营销运用到建材家居，每一步都让客户增值	有自己的系统、实战
	家居建材门店 6 力爆破 贾同领　著	合盘道出一线品牌销量秘籍	6 力招招见血，既有招数，又有策略
	建材家居门店销量提升 贾同领　著	店面选址、广告投放、推广助销、空间布局、生动展示、店面运营等	门店销量提升是一个系统工程，非常系统、实战
	10 步成为最棒的建材家居门店店长 徐伟泽　著	实际方法易学易用，让员工能够迅速成长，成为独当一面的好店长	只要坚持这样干，一定能成为好店长
	手把手帮建材家居导购业绩倍增：成为顶尖的门店店员 熊亚柱　著	生动的表现形式，让普通人也能成为优秀的导购员，让门店业绩长红	读着有趣，用着简单，一本在手、业绩无忧
	建材家居经销商实战 42 章经 王庆云　著	告诉经销商：老板怎么当、团队怎么带、生意怎么做	忠言逆耳，看着不舒服就对了，实战总结，用一招半式就值了
工业品	**销售是门专业活：B2B、工业品** 陆和平　著	销售流程就应该跟着客户的采购流程和关注点的变化向前推进，将一个完整的销售过程分成十个阶段，提供具体方法	销售不是请客吃饭拉关系，是个专业的活计！方法在手，走遍天下不愁
	解决方案营销实战案例 刘祖轲　著	用 10 个真案例讲明白什么是工业品的解决方案式营销，实战、实用	有干货、真正操作过的才能写得出来
	变局下的工业品企业 7 大机遇 叶敦明　著	产业链条的整合机会、盈利模式的复制机会、营销红利的机会、工业服务商转型机会……	工业品企业还可以这样做，思维大突破
	工业品市场部实战全指导 杜　忠　著	工业品市场部经理工作内容全指导	系统、全面、有理论、有方法，帮助工业品市场部经理更快提升专业能力
	工业品营销管理实务 李洪道　著	中国特色工业品营销体系的全面深化、工业品营销管理体系优化升级	工具更实战，案例更鲜活，内容更深化
	工业品企业如何做品牌 张东利　著	为工业品企业提供最全面的品牌建设思路	有策略、有方法、有思路、有工具
	丁兴良讲工业 4.0 丁兴良　著	没有枯燥的理论和说教，用朴实直白的语言告诉你工业 4.0 的全貌	工业 4.0 是什么？本书告诉你答案
	资深大客户经理：策略准，执行狠 叶敦明　著	从业务开发、发起攻势、关系培育、职业成长四个方面，详述了大客户营销的精髓	满满的全是干货
	两化融合管理系统贯标流程与方法 戴　勇　张华杰　张百荣　编著	全面梳理贯标流程和方法	帮助企业成功贯标
	一切为了订单：订单驱动下的工业品营销实战 唐道明　著	其实，所有的企业都在围绕着两个字在开展全部的经营和管理工作，那就是“订单”	开发订单、满足订单、扩大订单。本书全是实操方法，字字珠玑、句句干货，教你获得营销的胜利
金融	**交易心理分析** (美)马克·道格拉斯　著 刘真如　译	作者一语道破赢家的思考方式，并提供了具体的训练方法	不愧是投资心理的第一书，绝对经典
	精品银行管理之道 崔海鹏　何　屹　主编	中小银行转型的实战经验总结	中小银行的教材很多，实战类的书很少，可以看看

续表

金融	**支付战争** Eric M. Jackson 著 徐 彬 王 晓 译	PayPal 创业期营销官，亲身讲述 PayPal 从诞生到壮大到成功出售的整个历史	激烈、有趣的内幕商战故事！了解美国支付市场的风云巨变
	中外并购名著专业阅读指南 叶兴平 等著	在 5000 多本并购类图书中精选的 200 著作，在阅读的基础上写的读书评价	精挑细选 200 本并一一评介，省去读者挑选的烦恼，快捷、高效
	新三板信息披露全流程：操作与工具 和珩科技 著	详细拆解董秘日常工作过程中所需的信息披露流程	董秘案头必备用书
	成功并购 300 本：一本书搞定并购难题 浩德军师并购联盟 著	从财务，税务，法律等角度详细解答疑问	能解决 80% 的并购问题
	互联网时代的银行转型 韩友诚 著	以大量案例形式为读者全面展示和分析了银行的互联网金融转型应对之道	结合本土银行转型发展案例的书籍
房地产	**产业园区/产业地产规划、招商、运营实战** 阎立忠 著	目前中国第一本系统解读产业园区和产业地产建设运营的实战宝典	从认知、策划、招商到运营全面了解地产策划
	人文商业地产策划 戴欣明 著	城市与商业地产战略定位的关键是不可复制性，要发现独一无二的“味道”	突破千城一面的策划困局
	中国城市群房地产投资策略 吕俊博 著	全方位、多角度分析城市群房地产现状是趋势	让亿元资产投资更理性、更安全
	电影院的下一个黄金十年：开发·差异化·案例 李保煜 著	对目前电影院市场存大的问题及如何解决进行了探讨与解读	多角度了解电影院运营方式及代表性案例
能源	**全能型班组：城市能源互联网与电力班组升级** 国网天津市电力公司 编著	借鉴国内外优秀企业的转型升级思路，通过对于新型班组组织模式和运行机制的大胆设想，力图构建充分适应内外环境变化的全能型班组	看看庞大的国企在新环境下是如何顺应时代的
	国网天津电力全能型班组建设实务 国网天津市电力公司 编著	本书聚焦于天津电力公司在探索全能型班组转型升级时的优秀实践	电力行业的班组实践，具体、可操作性强

经营类：企业如何赚钱，如何抓机会，如何突破，如何“开源”

	书名．作者	内容/特色	读者价值
抓方向	**让经营回归简单．升级版** 宋新宇 著	化繁为简抓住经营本质：战略、客户、产品、员工、成长	经典，做企业就这几个关键点！
	混沌与秩序Ⅰ：变革时代企业领先之道 **混沌与秩序Ⅱ：变革时代管理新思维** 彭剑锋 尚艳玲 主编	汇集华夏基石专家团队 10 年来研究成果，集中选择了其中的精华文章编纂成册	作者都是既有深厚理论积淀又有实践经验的重磅专家，为中国企业和企业家的未来提出了高屋建瓴的观点
	活系统：跟任正非学当老板 孙行健 尹 贤 著	以任正非的独到视角，教企业老板如何经营公司	看透公司经营本质，激活企业活力
	重构：快消品企业重生之道 杨永华 著	从 7 个角度，帮助企业实现系统性的改造	提供转型思想与方法，值得参考
	公司由小到大要过哪些坎 卢 强 著	老板手里的一张“企业成长路线图”	现在我在哪儿，未来还要走哪些路，都清楚了
	企业二次创业成功路线图 夏惊鸣 著	企业曾经抓住机会成功了，但下一步该怎么办？	企业怎样获得第二次成功，心里有个大框架了
	老板经理人双赢之道 陈 明 著	经理人怎养选平台、怎么开局，老板怎样选/育/用/留	老板生闷气，经理人牢骚大，这次知道该怎么办了

续表

抓方向	**简单思考:AMT 咨询创始人自述** 孔祥云　著	著名咨询公司(AMT)的 CEO 创业历程中点点滴滴的经验与思考	每一位咨询人,每一位创业者和管理经营者,都值得一读
	企业文化的逻辑 王祥伍　黄健江　著	为什么企业绩效如此不同,解开绩效背后的文化密码	少有的深刻,有品质,读起来很流畅
	使命驱动企业成长 高可为　著	钱能让一个人今天努力,使命能让一群人长期努力	对于想做事业的人,'使命'是绕不过去的
思维突破	**盈利原本就这么简单** 高可为　著	从财务的角度揭示企业盈利的秘密	多方面解读商业模式与盈利的关系,通俗易懂,受益匪浅
	经营:打造你的盈利系统 高可为　著	从盈利角度梳理了系统化的经营方式	让企业掌舵者把控经营全局
	创模式:23 个行业创新案例 段传敏　著	23 位行业精英的创新对话	创业者、转型者的实战参考
	企业良性成长:用顶层设计突破瓶颈 刘建兆　著	全方位介绍企业顶层设计的方法和思路	帮助企业用顶层设计突破成长瓶颈
	移动互联新玩法:未来商业的格局和趋势 史贤龙　著	传统商业、电商、移动互联,三个世界并存,这种新格局的玩法一定要懂	看清热点的本质,把握行业先机,一本书搞定移动互联网
	画出公司的互联网进化路线图:用互联网思维重塑产品、客户和价值 李　蓓　著	18 个问题帮助企业一步步梳理出互联网转型思路	思路清晰、案例丰富,非常有启发性
	重生战略:移动互联网和大数据时代的转型法则 沈　拓　著	在移动互联网和大数据时代,传统企业转型如同生命体打算与再造,称之为"重生战略"	帮助企业认清移动互联网环境下的变化和应对之道
	创造增量市场:传统企业互联网转型之道 刘红明　著	传统企业需要用互联网思维去创造增量,而不是用电子商务去转移传统业务的存量	教你怎么在"互联网 +"的海洋中创造实实在在的增量
	7 个转变,让公司 3 年胜出 李　蓓　著	消费者主权时代,企业该怎么办	这就是互联网思维,老板有能这样想,肯定倒不了
	跳出同质思维,从跟随到领先 郭　剑　著	66 个精彩案例剖析,帮助老板突破行业长期思维惯性	做企业竟然有这么多玩法,开眼界
	互联网 +"变"与"不变":本土管理实践与创新论坛集萃·2016 本土管理实践与创新论坛　著	加速本土管理思想的孕育诞生,促进本土管理创新成果更好地服务企业、贡献社会	各个作者本年度最新思想,帮助读者拓宽眼界、突破思维
	消费升级:实践　研究(文集) 本土管理实践与创新论坛　著	38 位管理专家及 7 位学者的精华思想,从经营、管理、行业及思想研究四个方面阐述中国企业在消费升级下的实践与研究	思想启发,行业借鉴
财务	**写给企业家的公司与家庭财务规划——从创业成功到富足退休** 周荣辉　著	本书以企业的发展周期为主线,写各阶段企业与企业主家庭的财务规划	为读者处理人生各阶段企业与家庭的财务问题提供建议及方法,让家庭成员真正享受财富带来的益处
	互联网时代的成本观 程　翔　著	本书结合互联网时代提出了成本的多维观,揭示了多维组合成本的互联网精神和大数据特征,论述了其产生背景、实现思路和应用价值	在传统成本观下为盈利的业务,在新环境下也许就成为亏损业务。帮助管理者从新的角度来看待成本,进一步做好精益管理

续表

财务	**财报背后的投资机会** 蒋 豹 著	以具体的公司案例分析，教你迅速看出财务报表与企业经营的关系、所反映的企业经营现状，从而找到投资机会	前四大会计所员工为读者解密财报，发现投资机会

管理类：效率如何提升，如何实现经营目标，如何“节流”

	书名．作者	内容/特色	读者价值
通用管理	**让管理回归简单·升级版** 宋新宇 著	从目标、组织、决策、授权、人才和老板自己层面教你怎样做管理	帮助管理抓住管理的要害，让管理变得简单
	让经营回归简单·升级版 宋新宇 著	从战略、客户、产品、员工、成长、经营者自身等七个方面，归纳总结出简单有效的经营法则	总结出的真正优秀企业的成功之道：简单
	让用人回归简单 宋新宇 著	从用人的原则、用人的难题与误区、用人的方法和用人者的修炼四大方面，总结出适合中小企业做好人才管理工作的法则	帮助管理者抓住用人的要害，让用人变得简单
	历史深处的管理智慧1：组织建设与用人之道 刘文瑞 著	对历史之典故、政事、人事、政制进行管理解析，鉴照企业人才的选用育留	推动理论与实践的对接，实现理性与情感的渗透，用中国话语说明管理智慧
	历史深处的管理智慧2：战略决策与经营运作 刘文瑞 著	对历史之典故、政事、人事、政制进行管理解析，鉴照企业战略设计与经营实践	推动理论与实践的对接，实现理性与情感的渗透，用中国话语说明管理智慧
	历史深处的管理智慧3：领导修炼与文化素养 刘文瑞 著	对历史之典故、政事、人事、政制进行管理解析，鉴照企业领导职业能力提升与文化修养	推动理论与实践的对接，实现理性与情感的渗透，用中国话语说明管理智慧
	管理的尺度 刘文瑞 著	对管理中的种种普遍性问题进行了批评	提高把握管理尺度的能力
	管理学在中国 刘文瑞 著	系统性介绍了管理学在中国的发展和演变	了解管理学在中国的发展脉络，更清晰理解管理学的本质
	看电影，懂管理 刘文瑞 著	16部经典电影，带你感悟管理智慧	能够帮助读者放松身心，驰骋想象，在不知不觉中增长智慧
	管理：以规则驾驭人性 王春强 著	详细解读企业规则的制定方法	从人与人博弈角度提升管理的有效性
	打造集成供应链：走出挂一漏十的改善困境 王春强 著	详解集成供应链全过程	帮助企业优化供应链管理
	用好骨干员工：关键人才培养与激励 王 敏 著	系统化分享关键人才打造与激励方法	企业能实在用人的最大化价值
	改变世界的管理学大师1：管理学的前世今生 刘文瑞 编著	介绍了古典管理学时期的大师事迹和思想	深入了解管理大师们的思想和智慧
	成为企业欢迎的咨询师 张国祥 著	从调研到落地，手把手教你咨询流程	不走弯路，方便直接的学到老咨询师的套路
	员工心理学超级漫画版 邢 雷 著	以漫画的形式深度剖析员工心理	帮助管理者更了解员工，从而更轻松地管理员工
	老板有想法，高层有干法：企业中的将帅之道 王清华 著	深入剖析老板与高管的异同	各司其职，各行其是，相辅相成
	分股合心：股权激励这样做 段磊 周剑 著	通过丰富的案例，详细介绍了股权激励的知识和实行方法	内容丰富全面、易读易懂，了解股权激励，有这一本就够了
	边干边学做老板 黄中强 著	创业20多年的老板，有经验、能写、又愿意分享，这样的书很少	处处共鸣，帮助中小企业老板少走弯路

续表

通用管理	**成为敏感而体贴的公司** 王　涛　著	本书为作者对企业的观察和冥想的随笔记录。从生活中的一个现象入手，进而探索现象背后的本质	从全新角度认识公司
	中国企业的觉醒：正直　善良　成长 王　涛　著	围绕着企业人如何发生转化展开，对中国人、中国文化及由此导致的企业现状的观察和思考	企业除了要利润，还需要道德
	有意识的思考：轻松化解问题的7个思考习惯 王　涛　著	本书是对思想、思考过程、思考方式进行的细致观察	养成好的思考习惯，更深刻地看问题
	中国式阿米巴落地实践之从交付到交易 胡八一　著	本书主要讲述阿米巴经营会计，"从交付到交易"，这是成功实施了阿米巴的标志	阿米巴经营会计的工作是有逻辑关联的，一本书就能搞定
	中国式阿米巴落地实践之激活组织 胡八一　著	重点讲解如何科学划分阿米巴单元，阐述划分的实操要领、思路、方法、技术与工具	最大限度减少"推行风险"和"摸索成本"，利于公司成功搭建适合自身的个性化阿米巴经营体系
	中国式阿米巴落地实践之持续盈利 胡八一　著	把企业做成平台，企业才能做大（格局）；把平台做成阿米巴，企业才能做强（专业）；把阿米巴做成合伙制，企业才能做久（机制）	中国式阿米巴落地实践三部曲的最后一部，告诉你企业如何做大做强做久
	集团化企业阿米巴实战案例 初勇钢　著	一家集团化企业阿米巴实施案例	指导集团化企业系统实施阿米巴
	阿米巴经营的中国模式 李志华　著	让员工从"要我干"到"我要干"，价值量化出来	阿米巴在企业如何落地，明白思路了
	欧博心法：好管理靠修行 曾　伟　著	用佛家的智慧，深刻剖析管理问题，见解独到	如果真的有'中国式管理'，曾老师是其中标志性人物
	领导这样点燃你的下属 孟广桥　著	领导者如何才能让员工积极主动地工作？如何让你的员工和下属保持工作的热情，自动自发？看了这本书就知道	只要你希望手下的"兵将"永远充满工作的斗志，这本书将使你获益良多
流程管理	**1. 用流程解放管理者** **2. 用流程解放管理者2** 张国祥　著	中小企业阅读的流程管理、企业规范化的书	通俗易懂，理论和实践的结合恰到好处
	跟我们学建流程体系 陈立云　著	畅销书《跟我们学做流程管理》系列，更实操，更细致，更深入	更多地分享实践，分享感悟，从实践总结出来的方法论
	人人都要懂流程 金国华　余雅丽　著	当前各企业流程管理方面最为典型的痛点现象及问题案例	通俗易懂，适合企业全员阅读
质量管理	**IATF16949质量管理体系详解与案例文件汇编：TS16949转版IATF16949：2016** 谭洪华　著	针对IATF的新标准做了详细的解说，同时指出了一些推行中容易犯的错误，提供了大量的表单、案例	案例、表单丰富，拿来就用
	五大质量工具详解及运用案例：APQP/FMEA/PPAP/MSA/SPC 谭洪华　著	对制造业必备的五大质量工具中每个文件的制作要求、注意事项、制作流程、成功案例等进行了解读	通俗易懂、简便易行，能真正实现学以致用
	ISO9001：2015新版质量管理体系详解与案例文件汇编 谭洪华　著	紧密围绕2015年新版质量管理体系文件逐条详细解读，并提供可以直接套用的案例工具，易学易上手	企业质量管理认证、内审必备
	ISO14001：2015新版环境管理体系详解与案例文件汇编 谭洪华　著	紧密围绕2015年新版环境管理体系文件逐条详细解读，并提供可以直接套用的案例工具，易学易上手	企业环境管理认证、内审必备

续表

质量管理	**ISO9001:2015 完整文件汇编:制造业** 贺红喜 著	按照 ISO9001 标准并超出标准的要求,提供了一套完整的制造业的质量管理体系文件	原汁原味完整收入,直接可以拿来就用
	SA8000:2014 社会责任管理体系认证实战 吕 林 著	作者根据自己的操作经验,按认证的流程,以相关案例进行说明 SA8000 认证体系	简单,实操性强,拿来就能用
	精益质量管理实战工具 贺小林 著	制造类企业日常工作中所需要的精益管理工具的归纳整理,并进行案例操作的细致分析	可以直接参考,实际解决生产中的具体问题
战略落地	**重生——中国企业的战略转型** 施 炜 著	从前瞻和适用的角度,对中国企业战略转型的方向、路径及策略性举措提出了一些概要性的建议和意见	对企业有战略指导意义
	公司大了怎么管:从靠英雄到靠组织 AMT 金国华 著	第一次详尽阐释中国快速成长型企业的特点、问题及解决之道	帮助快速成长型企业领导及管理团队理清思路,突破瓶颈
	低效会议怎么改:每年节省一半会议成本的秘密 AMT 王玉荣 著	教你如何系统规划公司的各级会议,一本工具书	教会你科学管理会议的办法
	年初订计划,年尾有结果:战略落地七步成诗 AMT 郭晓 著	7 个步骤教会你怎么让公司制定的战略转变为行动	系统规划,有效指导计划实现
人力资源	**HRBP 是这样炼成的之“菜鸟起飞”** 新 海 著	以小说的形式,具体解析 HRBP 的职责,应该如何操作,如何为业务服务	实践者的经验分享,内容实务具体,形式有趣
	HRBP 是这样炼成的之中级修炼 新 海 著	本书以案例故事的方式,介绍了 HRBP 在实际工作中碰到的问题和挑战	书中的 HR 解决方案讲究因时因地制宜、简单有效的原则,重在启发读者思路,可供各类企业 HRBP 借鉴
	HRBP 是这样炼成的之高级修炼 新 海 著	以故事的形式,展现了 HRBP 工作者在职业发展路上的层层深入和递进	为读者提供 HRBP 在实际工作中遇到种种问题的解决方案
	新任 HR 高管如何从 0 到 1 黄渊明 著	全景式展现新任高管华丽转身全过程	助力新任高管安全着陆
	HR 的劳动法内参 李皓楠 著	100 个劳动法案例和分析	轻松掌握劳动法知识,方便运用
	把面试做到极致:首席面试官的人才甄选法 孟广桥 著	作者用自己几十年的人力资源经验总结出的一套实用的确定岗位招聘标准、提升面试官技能素质的简便方法	面试官必备,没有空泛理论,只有巧妙的实操技能
	人力资源体系与 e-HR 信息化建设 刘书生 陈 莹 王美佳 著	将作者经历的人力资源管理变革、人力资源管理信息化咨询项目方法论、工具和成果全面展现给读者,使大家能够将其快速应用到管理实践中	系统性非常强,没有废话,全部是浓缩的干货
	回归本源看绩效 孙 波 著	让绩效回顾“改进工具”的本源,真正为企业所用	确实是来源于实践的思考,有共鸣
	世界 500 强资深培训经理人教你做培训管理 陈 锐 著	从 7 大角度具体细致地讲解了培训管理的核心内容	专业、实用、接地气

续表

人力资源	**曹子祥教你做激励性薪酬设计** 曹子祥　著	以激励性为指导，系统性地介绍了薪酬体系及关键岗位的薪酬设计模式	深入浅出，一本书学会薪酬设计
	曹子祥教你做绩效管理 曹子祥　著	复杂的理论通俗化，专业的知识简单化，企业绩效管理共性问题的解决方案	轻松掌握绩效管理
	把招聘做到极致 远　鸣　著	作为世界 500 强高级招聘经理，作者数十年招聘经验的总结分享	带来职场思考境界的提升和具体招聘方法的学习
	人才评价中心．超级漫画版 邢　雷　著	专业的主题，漫画的形式，只此一本	没想到一本专业的书，能写成这效果
	走出薪酬管理误区 全怀周　著	剖析薪酬管理的 8 大误区，真正发挥好枢纽作用	值得企业深读的实用教案
	集团化人力资源管理实践 李小勇　著	对搭建集团化的企业很有帮助，务实，实用	最大的亮点不是理论，而是结合实际的深入剖析
	我的人力资源咨询笔记 张　伟　著	管理咨询师的视角，思考企业的 HR 管理	通过咨询师的眼睛对比很多企业，有启发
	本土化人力资源管理 8 大思维 周　剑　著	成熟 HR 理论，在本土中小企业实践中的探索和思考	对企业的现实困境有真切体会，有启发
企业文化	**36 个拿来就用的企业文化建设工具** 海融心胜　主编	数十个工具，为了方便拿来就用，每一个工具都严格按照工具属性、操作方法、案例解读划分，实用、好用	企业文化工作者的案头必备书，方法都在里面，简单易操作
	企业文化建设超级漫画版 邢　雷　著	以漫画的形式系统教你企业文化建设方法	轻松易懂好操作
	华夏基石方法：企业文化落地本土实践 王祥伍　谭俊峰　著	十年积累、原创方法、一线资料，和盘托出	在文化落地方面真正有洞察，有实操价值的书
	企业文化的逻辑 王祥伍　著	为什么企业之间如此不同，解开绩效背后的文化密码	少有的深刻，有品质，读起来很流畅
	企业文化激活沟通 宋杼宸　安　琪　著	透过新任 HR 总经理的眼睛，揭示出沟通与企业文化的关系	有实际指导作用的文化落地读本
	在组织中绽放自我：从专业化到职业化 朱仁健　王祥伍　著	个人如何融入组织，组织如何助力个人成长	帮助企业员工快速认同并投入到组织中去，为企业发展贡献力量
	企业文化定位·落地一本通 王明胤　著	把高深枯燥的专业理论创建成一套系统化、实操化、简单化的企业文化缔造方法	对企业文化不了解，不会做？有这一本从概念到实操，就够了
生产管理	**精益思维：中国精益如何落地** 刘承元　著	笔者二十余年企业经营和咨询管理的经验总结	中国企业需要灵活运用精益思维，推动经营要素与管理机制的有机结合，推动企业管理向前发展
	300 张现场图看懂精益 5S 管理 乐　涛　编著	5S 现场实操详解	案例图解，易懂易学
	高员工流失率下的精益生产 余伟辉　著	中国的精益生产必须面对和解决高员工流失率问题	确实来源于本土的工厂车间，很务实
	车间人员管理那些事儿 岑立聪　著	车间人员管理中处理各种“疑难杂症”的经验和方法	基层车间管理者最闹心、头疼的事，‘打包’解决

续表

生产管理	**1. 欧博心法:好管理靠修行** **2. 欧博心法:好工厂这样管** 曾 伟 著	他是本土最大的制造业管理咨询机构创始人,他从400多个项目、上万家企业实践中锤炼出的欧博心法	中小制造型企业,一定会有很强的共鸣
	欧博工厂案例1:生产计划管控对话录 **欧博工厂案例2:品质技术改善对话录** **欧博工厂案例3:员工执行力提升对话录** 曾 伟 著	最典型的问题、最详尽的解析,工厂管理9大问题27个经典案例	没想到说得这么细,超出想象,案例很典型,照搬都可以了
	工厂管理实战工具 欧博企管 编著	以传统文化为核心的管理工具	适合中国工厂
	苦中得乐:管理者的第一堂必修课 曾 伟 编著	曾伟与师傅大愿法师的对话,佛学与管理实践的碰撞,管理禅的修行之道	用佛学最高智慧看透管理
	比日本工厂更高效1:管理提升无极限 刘承元 著	指出制造型企业管理的六大积弊;颠覆流行的错误认知;掌握精益管理的精髓	每一个企业都有自己不同的问题,管理没有一剑封喉的秘笈,要从现场、现物、现实出发
	比日本工厂更高效2:超强经营力 刘承元 著	企业要获得持续盈利,就要开源和节流,即实现销售最大化,费用最小化	掌握提升工厂效率的全新方法
	比日本工厂更高效3:精益改善力的成功实践 刘承元 著	工厂全面改善系统有其独特的目的取向特征,着眼于企业经营体质(持续竞争力)的建设与提升	用持续改善力来飞速提升工厂的效率,高效率能够带来意想不到的高效益
	3A顾问精益实践1:IE与效率提升 党新民 苏迎斌 蓝旭日 著	系统的阐述了IE技术的来龙去脉以及操作方法	使员工与企业持续获利
	3A顾问精益实践2:JIT与精益改善 肖志军 党新民 著	只在需要的时候,按需要的量,生产所需的产品	提升工厂效率
	化工企业工艺安全管理实操 黄 娜 编著	化工企业工艺安全管理全指导	帮助企业树立安全意识,强化安全管理方法
	手把手教你做专业的生产经理 黄 娜 著	物流、信息流、资金流,让生产经理管理有抓手	从菜鸟到能把控全局
员工素质提升	**TTT培训师精进三部曲(上):深度改善现场培训效果** 廖信琳 著	现场把控不用慌,这里有妙招一用就灵	课程现场无论遇到什么样的情况都能游刃有余
	TTT培训师精进三部曲(中):构建最有价值的课程内容 廖信琳 著	这样做课程内容,学员有收获培训师也有收获	优质的课程内容是树立个人品牌的保证
	TTT培训师精进三部曲(下):职业功力沉淀与修为提升 廖信琳 著	从内而外提升自己,职业的道路一帆风顺	走上职业TTT内训师的康庄大道
	培训师,如何让你的事业长青:自我管理的10项法则 廖信琳 著	建立了一套完整的培训师自我管理体系,为培训师的职业成长与发展提供有益的指引	培训师如何在自己的职业道路上越走越高,事业长青,一直有所收获与成长?本书将给你答案
	管理咨询师的第一本书:百万年薪 千万身价 熊亚柱 著	从问题出发,发现问题、分析问题、解决问题,让两眼一抹黑的新人快速成长	管理咨询师初入职场,让这本书开启百万年薪之路

续表

员工素质提升	**手把手教你做专业督导:专卖店、连锁店** 熊亚柱　著	从督导的职能、作用,在工作中需要的专业技能、方法,都提供了详细的解读和训练办法,同时附有大量的表单工具	无论是店铺需要统一培训,还是个人想成为优秀的督导,有这一本就够了
	跟老板"偷师"学创业 吴江萍　余晓雷　著	边学边干,边观察边成长,你也可以当老板	不同于其他类型的创业书,让你在工作中积累创业经验,一举成功
	销售轨迹:一位快消品营销总监的拼搏之路 秦国伟　著	本书讲述了一个普通销售员打拼成为跨国企业营销总监的真实奋斗历程	激励人心,给广大销售员以力量和鼓舞
	在组织中绽放自我:从专业化到职业化 朱仁健　王祥伍　著	个人如何融入组织,组织如何助力个人成长	帮助企业员工快速认同并投入到组织中去,为企业发展贡献力量
	企业员工弟子规:用心做小事,成就大事业 贾同领　著	从传统文化《弟子规》中学习企业中为人处事的办法,从自身做起	点滴小事,修养自身,从自身的改善得到事业的提升
	手把手教你做顶尖企业内训师:TTT 培训师宝典 熊亚柱　著	从课程研发到现场把控、个人提升都有涉及,易读易懂,内容丰富全面	想要做企业内训师的员工有福了,本书教你如何抓住关键,从入门到精通
	28 天速成文案高手 秦　士　安　丽　著	解构优秀品牌和出彩文案背后的逻辑,28 天循序渐进成为文案高手	让优质文案变成"智慧工厂"般的工序管理与稳定出品
	让投诉顾客满意离开:客户投诉应对与管理 孟广桥　著	立足于投诉处理的实践,剖析了不同投诉者投诉的特点和应对措施,并提供各种技巧方法、赢得客户信赖所需培养的品质修炼、处理投诉应掌握的法律法规等工具	是投诉处理人员适应岗位职能需要、提升工作技能的良师益友,是企业变诉为金、培养业务骨干的法宝

营销类:把客户需求融入企业各环节,提供"客户认为"有价值的东西

	书名. 作者	内容/特色	读者价值
营销模式	**精品营销战略** 杜建君　著	以精品理念为核心的精益战略和营销策略	用精品思维赢得高端市场
	变局下的营销模式升级 程绍珊　叶　宁　著	客户驱动模式、技术驱动模式、资源驱动模式	很多行业的营销模式被颠覆,调整的思路有了!
	动销操盘:节奏掌控与社群时代新战法 朱志明　著	在社群时代把握好产品生产销售的节奏,解析动销的症结,寻找动销的规律与方法	都是易读易懂的干货!对动销方法的全面解析和操盘
	弱势品牌如何做营销 李政权　著	中小企业虽有品牌但没名气,营销照样能做的有声有色	没有丰富的实操经验,写不出这么具体、详实的案例和步骤,很有启发
	老板如何管营销 史贤龙　著	高段位营销 16 招,好学好用	老板能看,营销人也能看
	洞察人性的营销战术:沈坤教你 28 式 沈　坤　著	28 个匪夷所思的营销怪招令人拍案叫绝,涉及商业竞争的方方面面,大部分战术可以直接应用到企业营销中	各种谋略得益于作者的横向思维方式,将其操作过的案例结合其中,提供的战术对读者有参考价值
	动销:产品是如何畅销起来的 吴江萍　余晓雷　著	真真切切告诉你,产品究竟怎么才能卖出去	击中痛点,提供方法,你值得拥有
	1000 铁杆女粉丝 张兵武　著	连接是女性与生俱来的特质。能善用连接的营销人员,就像拿到打开女性荷包的钥匙	重新认识女性的传播力量
	360°谈营销:一位营销咨询师 20 年实战洞察 王清华　古怀亮　著	各个角度,全方位,多视点剥营销	思路单一,此书帮你破

续表

营销模式	**营销按钮:扣动一触即发的力量** 老　苗　著	提供各种奇形怪状的营销武器	一定会带给你不一样的思维震撼
	孙子兵法营销战 刘文新　著	逐句解读孙子兵法,以及在营销方面的感悟	帮助营销人用智慧打营销仗
销售	**资深大客户经理:策略准,执行狠** 叶敦明　著	从业务开发、发起攻势、关系培育、职业成长四个方面,详述了大客户营销的精髓	满满的全是干货
	大客户销售这样说这样做 陆和平　著	大客户销售十大模块68个典型销售场景应对策略和话术,直接拿来就用	从"为什么要这么干"到"干什么、怎么干"
	成为资深的销售经理:B2B、工业品 陆和平　著	围绕"销售管理的六个关键控制点"一一展开,提供销售管理的专业、高效方法	方法和技术接地气,拿来就用,从销售员成长为经理不再犯难
	销售是门专业活:B2B、工业品 陆和平　著	销售流程就应该跟着客户的采购流程和关注点的变化向前推进,将一个完整的销售过程分成十个阶段,提供具体方法	销售不是请客吃饭拉关系,是个专业的活计!方法在手,走遍天下不愁
	向高层销售:与决策者有效打交道 贺兵一　著	一套完整有效的销售策略	有工具,有方法,有案例,通俗易懂
	学话术　卖产品 张小虎　著	分析常见的顾客异议,将优秀的话术模块化	让普通导购员也能成为销售精英
组织和团队	**升级你的营销组织** 程绍珊　吴越舟　著	用"有机性"的营销组织替代"营销能人",营销团队变成"铁营盘"	营销队伍最难管,程老师不愧是营销第1操盘手,步骤方法都很成熟
	用数字解放营销人 黄润霖　著	通过量化帮助营销人员提高工作效率	作者很用心,很好的常备工具书
	成为优秀的快消品区域经理(升级版) 伯建新　著	用"怎么办"分析区域经理的工作关键点,增加30%全新内容,更贴近环境变化	可以作为区域经理的"速成催化器"
	成为资深的销售经理:B2B、工业品 陆和平　著	围绕"销售管理的六个关键控制点"一一展开,提供销售管理的专业、高效方法	方法和技术接地气,拿来就用,从销售员成长为经理不再犯难
	一位销售经理的工作心得 蒋　军　著	一线营销管理人员想提升业绩却无从下手时,可以看看这本书	一线的真实感悟
	快消品营销:一位销售经理的工作心得2 蒋　军　著	快消品、食品饮料营销的经验之谈,重点突出	来源于实战的精华总结
	销售轨迹:一位快消品营销总监的拼搏之路 秦国伟　著	本书讲述了一个普通销售员打拼成为跨国企业营销总监的真实奋斗历程	激励人心,给广大销售员以力量和鼓舞
	用营销计划锁定胜局:用数字解放营销人2 黄润霖　著	全方位教你怎么做好营销计划,好学好用真简单	照搬套用就行,做营销计划再也不头痛
	快消品营销人的第一本书:从入门到精通 刘　雷　伯建新　著	快消行业必读书,从入门到专业	深入细致,易学易懂
产品	**产品开发管理方法·流程·工具:从作坊式到规范化** 任彭枞　著	产品研发管理体系全指导	既有工具,又能开拓思路
	新产品开发管理,就用IPD(升级版) 郭富才　著	10年IPD研发管理咨询总结,国内首部IPD专业著作	一本书掌握IPD管理精髓